20. Januar 2016

Viel Spaß

beim Lesen!

[illegible]

cocon

Die Autorin:

Susanne Hasenstab, geboren 1984, ist in Aschaffenburg aufgewachsen. Während ihres Studiums der Romanistik und Skandinavistik in Frankfurt am Main und Lausanne arbeitete sie unter anderem für die „Hermannstädter Zeitung" in Sibiu/Rumänien und für Radio Prag. Sie war Stipendiatin der Schwarzkopf-Stiftung Junges Europa und der Gemeinnützigen Hertie-Stiftung. Bei Cocon sind bereits ihre Minidramen-Bände „Morgen ist Gelber Sack!" und „Der letzte Tag der Fleischmaschine" sowie der Roman „Der Zukunftsberg" erschienen. Sie lebt als freie Autorin und Kolumnistin bei Aschaffenburg.

CoCon-Verlag GmbH
In den Türkischen Gärten 13, 63450 Hanau
Tel.: (0 61 81) 1 77 00, Fax: (0 61 81) 18 13 33
Email: kontakt@cocon-verlag.de
www.cocon-verlag.de

ISBN 978-3-86314-309-1
Hanau 2015

Titelgestaltung: Tanja Bandhauer

SUSANNE HASENSTAB

Charly wird Stadt-Labrador

50 neue Mini-Dramen
aus dem Kosmos des Gebabbels

Über dieses Buch:

Willkommen zurück im unerschöpflichen Kosmos des Gebabbels: Nach „Morgen ist Gelber Sack!" (2011) und „Der letzte Tag der Fleischmaschine" (2013) geht es im neuen Minidramen-Band von Susanne Hasenstab wieder direkt hinein in den Irrsinn unserer alltäglichen Kommunikation.
Die Frage nach dem Öffnen oder Nicht-Öffnen eines Tetra Paks Milch zerstört eine nachmittägliche Kaffeeklatsch-Idylle. In „Mein Sohn, der Salafist" übertrumpft man sich bei einer zufälligen Begegnung im Supermarkt gegenseitig mit den Heldentaten der eigenen Kinder, und ein paar Meter weiter erläutert am Mainufer eine Hundebesitzerin sachkundig, wie man einen Landlabrador zum Stadtlabrador „umfüttert" ...

Seit 2007 verarbeitet die Aschaffenburger Autorin Susanne Hasenstab Alltagsdialoge zu absurd-komischen Minidramen. Ausschnitte ihrer Aufzeichnungen erscheinen in einer wöchentlichen Kolumne im „Main-Echo". Zusammen mit ihrem Bühnenpartner Emil Emaille ist sie mit kabarettistischen Lesungen unterwegs und eröffnet dem Publikum höchst amüsante Einblicke in die Untiefen, Strudel und Seitenarme unserer täglichen Kommunikation.

Auftrittstermine und weitere Infos:
www.susannehasenstab.de

Booking:
Hans Emmert – Konzertbüro Emmert GmbH (www.kbemmert.de)

Inhaltsverzeichnis

Kapitel 1:

„Mer will schon wisse, wer bein Dokter dabbt!"

Familienkreis und Nachbarschaft

Mein Sohn, der Salafist

Marita und Dieter, deren Kinder zusammen im Kindergarten waren, treffen sich nach vielen Jahren zufällig in einem Supermarkt am Käseregal.

Marita: *(laut und aufdringlich)* Dieter! Kennst du mich noch?! Die Marita! Die Mama von Jörn, Maite und Britta! Ach Gottchen, wir haben uns ja bestimmt 15 Jahre nicht gesehen!
Dieter: *(überrumpelt)* Hallo, ja ... Des is werklisch ewig her ... Ja unn, äh ... was mache die Kinner?
Marita: Ich kaufe gerade für Maites großes Welcome-Dinner ein! Sie kommt übermorgen aus Neuseeland zurück, sie hat doch dort dieses bilinguale Marvey-Livingstone-Programm absolviert, hast du bestimmt schon von gehört, die nehmen nur 1,0-Abiturienten! Sie erneuerte dort Weidezäune auf verarmten Schafsfarmen, deren Besitzer ihre Kredite nicht zurückzahlen können. Sie will ja Finanzanalystin werden, sie hat schon ihren Studienplatz an der Private Stanley in Bonn, und da macht es sich natürlich gut, wenn man auch die andere Seite der Medaille kennt, das schlägt sich ja alles auch im Lebenslauf nieder!
Dieter: Ja, mhm ...
Marita: Und Jörn hat jetzt auch Abitur gemacht, ihr müsst mal zum Kaffee vorbei kommen, dann zeig ich euch Fotos! Abitur: 1,5, aber er war ja ein Jahr in Vancouver, das hat ihn so unglaublich bereichert, da kommt´s mir persönlich jetzt auf die paar Zehntel auch nicht an. Er träumt heute noch auf Englisch! Kürzlich kam er samstags zu unserem Familienbrunch die Treppen herabgestiegen und sagte: „Mutter, ich habe heute wieder auf Englisch geträumt! Ich bin euch so dankbar, dass ihr mir dies alles ermöglicht habt!" Ja, und vor Maites Rückflug trifft sie Jörn in Singapur, er ist gleich nach der letzten Prüfung auf dieses Projektschiff gegangen, hast du bestimmt schon von gehört, 900 Bewerbungen auf 20 Plätze, die segeln ein Jahr lang im

Uhrzeigersinn um die Welt!!
Dieter: Des is schon was, ja ...
Marita: Er will ja Luft- und Raumfahrt-Ingenieur werden bei der Nasa, da ist Erfahrung in Team Building ein absolutes „Must"! Und Britta hat 2012 auf Sardinien ihren langjährigen Partner geheiratet, er besitzt dort ein Hotel in Küstenlage, mit ayurvedischem Zentrum und Burn-Out-Klinik, und Britta ist ja Psychologin mit Zusatzausbildung in Business Creativity Coaching, da war sie doch ein Jahr in New York bei Dr. Crombs, das ist ja eine Koryphäe auf diesem Gebiet, von dem hast du sicher schon gehört, und Dr. Crombs nahm Britta sogar als seine Assistentin auf diese große Vortragsreise nach Florida mit. Da hat sie auch ungeheuer viel Input für sich selbst erhalten. Ich flog zu ihr nach Sardinien, um die Hochzeit vorzubereiten, und wir fuhren quer über die Insel, um uns inspirieren zu lassen, wir wollten die Feier ja bewusst dem Inselflair verhaftet gestalten, und in einem Fischerdorf stießen wir auf eine einheimische Kapelle, die dort am Hafen spielte, und ich ging zu den Musikern und verpflichtete sie von der Straße weg, und Britta sagte zu mir: „Mutter, ich bin so froh, dass du da bist! Du hast so eine Power und so einen strukturierten Tagesablauf!" Dieter, komm doch mal mit Doris zum Kaffee vorbei, dann zeig ich euch Fotos von der Feier, Maite war mit ihrem Verlobten da, ein angehender Anästhesist und nordrhein-westfälischer Meister im Brustschwimmen ... Ja ... Und was machen eure Kinder so?
Dieter: *(überlegt)* Also ... de Ingo is Salafist worn, zu dem hammer schon seit Jahrn kein Kontakt mehr, ich glaab, der is in Pakistan ... Unn die Silke hat jetz die Hauptschul abgebroche. Aja, die is schwanger unn eh mehr in de Entzugsklinik wie in de Schule, die war doch mit dem bekannte Crackdealer zamme. Aja, unn de Markus ... is im Gefängnis. Der hat doch den große Banküberfall gemacht in Frankfurt, haste bestimmt von gehört, da gibt's aach scheene Fotos vom Überfall, die warn sogar im Fernsehn, die könne mer ja mitbringe, wenn mir ma zum Kaffee vorbeikomme.

Marita: *(entfernt sich verstört)* Ja, du, ähm, das machen wir, ich muss jetzt aber leider erst mal weiter, du, ich meld mich ...

Dieter: *(atmet erleichtert durch)* Die wär ich los!

Wie alt ist Ulla?

Schon seit fünf Bieren sitzen Willi und Bernd an diesem Abend im Wirtshaus. Nach längerem Schweigen ergreift Willi das Wort.

Willi: Hast du neulich aach die Ulla in de Zeitung gesehe?
Bernd: Ja, mords Foto war drin.
Willi: Ja.
Bernd: Wesweesche war'n des?
Willi: Des Foto?
Bernd: Ich hab den Artikel net gelese.
Willi: Die is jetz Chorleiterin oder so.
Bernd: Mhm.
Willi: Die macht so Projekte.
Bernd: Ja. Siehste.
Willi: Ja.
Bernd: Ja, da sieht mer ma ...
Willi: Wie alt is'n die Ulla jetz eischentlich?
Bernd: Wie alt?
Willi: Ja.
Bernd: Ja, die is aach ... Vom Foto her ... Die muss jetz aach schon mindestens ...
Willi: So um die vierzich, oder?
Bernd: Naa.
Willi: Net? So vom Foto her hätt ich jetz gedacht ...
Bernd: Ja, vom Foto kannst du net ausgehe.
Willi: Des war doch e aktuell Bild.
Bernd: Ja, trotzdem.
Willi: Ja sag halt, dass du's aach net waaßt.
Bernd: Aja, wie alt werd die soi? Wenn mer zurückrechent, is die vorneweg ... Also die muss mindestens ... sonst wär's ja Missbrauch gewese.
Willi: Wie se de Walter geheiert hat.
Bernd: Ja. De Walter is ja älter wie die Ulla.
Willi: Also du waaßt net, wie alt sie is.

Bernd: Die is vorneweg ... Wie alt werd die soi? Also uff jeden Fall kannst du net vom Foto ausgehe.
Willi: Die hat doch erst kürzlich nochma e Kind krieht. Wie alt is´n des?
Bernd: Des Kind? Ja, des werd jetz aach schon ...
Willi: Was?
Bernd: Des Kind, mittlerweile is des vielleicht ... Obwohl ...
Willi: Läuft´s schon?
Bernd: Des läuft, ja. Des läuft schon lang.
Willi: Hm.
Bernd: Schon orsch lang.
Willi: Mhm. Unn wie alt is jetz die Ulla?
Bernd: Wie alt bist´n du?
Willi: Ich?
Bernd: Ihr wart doch zusamme in de Schul.
Willi: Aja, ich bin aach schon ...
Bernd: Ja, da werd die aach so um den Dreh ... nä?
Willi: Aja. Hätte mer des aach geklärt ...

Der Endzeitfilm

An einem warmen Sonntag sitzt die Familie auf der Terrasse der Großmutter bei Kaffee und Kuchen zusammen. Die beiden zwölfjährigen Cousins haben sich ins Wohnzimmer zurückgezogen. Irgendwann fällt den Verwandten auf: Es muss an der Lautstärke des Fernsehers liegen, dass die Kommunikation immer beschwerlicher wird. Aus dem Haus nämlich dröhnen Explosionen und dramatisch verzerrte Synthesizer-Klänge.

Oma: ... unn dann hat die dem pürierte Grießschnitte vorgesetzt unn wollt's als Patent anmelde lasse, 1970! Unn ihr Tochter hat sich ja so verschuldet in de Schweiz!
Sohn: Was war mit de Tochter?
Oma: *(laut)* Die war dann so hoch verschuldet! Heieiei, mer versteht sei eigenes Wort net mehr!
Schwiegertochter: Jesses, ich maan, der Fernseher wird immer lauter!
Sohn: *(lugt durch die Scheibe)* Die gucke irschenden Gewaltfilm.
Opa: Ah ja, ich glaub, da kommt grad so en Endzeitfilm uff RTL Zwoo oder Tele 5. Von de Geräusche her deed's basse.
Tochter: Paul! Pauli, macht emool leiser! Hallo!
Schwiegersohn: Die hörn nix.
Oma: Ihr Kinner, macht emool de Fernseh leiser!
Tochter: *(winkt)* Hallo! Leiser! Die sehn mich net. Da tun sich Erdspalte uff uffem Bildschirm!
Opa: Ja, im Heftche steht, da schläächt so ebbes oi unn dann werd die Erde entvölkert oder so.
Schwiegersohn: *(schaut nach drinnen)* Die hocke devor wie gelähmt.
Oma: Klopp emool an die Scheibe!
Sohn: *(klopft heftig)* Lionel, mach emool leiser!
Oma: Die hörn ja nix bei dem Krach! Hermann, geh emool nei unn mach denne de Fernseh leiser!
Opa: Ich will jetz net uffstehn.

Oma: Du musst was mache, mer versteht ja sei eischenes Wort net!
Opa: Was?
Tochter: Pauli! Lionel! Leiser! Hallo!
Opa: Ich lass mit de Fernbedienung de Rollo runner, als Schallschutz. *(Der Rollladen vor dem Wohnzimmerfenster senkt sich. Die Kinder sitzen drinnen nun in dröhnender Dunkelheit.)*
Sohn: Des hat's jetz gebracht. Des is noch genau so laut wie vorher.
Schwiegertochter: Unn jetz sehn se uns net ma mehr!
Tochter: Die ham uns vorher aach net gesehn.
Oma: Was gucke die da überhaupt für en schreckliche Film! Hört euch des doch emool an! Des klingt, wie wenn e Raumstation in die Luft gesprengt werd. Unn sowas am Sonntag!
Tochter: Ich find, des klingt eher, wie wenn die Erde mit lauter Meteorite beschosse wird oder so.
Oma: Unn die ekelhaft Musik!
Schwiegertochter: *(hämmert gegen den Rollladen)* Leiser!
Oma: Hermann, jetz gehste nei unn drehst denne de Fernseh leiser! Des is ja net mehr zum Aushalte!

Der Großvater schlurft davon und kommt nicht mehr zurück. Die Lautstärke bleibt unverändert.

Oma: Hermann! Herrgottnochemool, was mecht der dann?! Hermann!!
Tochter: Der werd mitgucke.
Sohn: *(steht auf)* Des muss ja en faszinierende Film sein. Ich mach's leiser.

Er geht hinein und kommt nicht mehr zurück. Die Lautstärke bleibt unverändert.

Oma: Sach emool, ich glaab's net, was mache die dann?!
Schwiegersohn: *(steht auf)* Ich guck ma, was da los is.

Tochter: *(hält ihn fest)* Geh net nei, die andern sinn auch net mehr zurückkomme!
Schwiegersohn: *(geht ins Haus)* Ich guck nur ma, was da los is ...

Wie seine Vorgänger kehrt auch er nicht mehr zurück. Nach zwei Minuten stehen die auf der Terrasse verbliebenen Frauen zögerlich auf und betreten eine nach der anderen das abgedunkelte Wohnzimmer. Wind kommt auf, und der Himmel verdüstert sich. Die gesamte Familie bleibt verschwunden.

Es dauert nicht lange, bis auf der nun verwaisten Terrasse Wespen die Herrschaft über die zurückgelassenen Kuchenstücke übernehmen. Ihr Summen wird von unheilsschwerer Musik, gellenden Schreien und dem krachenden Aufbrechen einer tiefen Erdspalte übertönt.

Der Neukunde

Eines Morgens erhält Ralf-Dieter (37) einen Anruf von seiner Mutter. Mit schläfriger Stimme nimmt er das Gespräch entgegen.

Ralf-Dieter: Hallo?
Mutter: *(völlig aufgelöst)* Ralf-Dieter, hier is die Mama, ich hab dich gestern net erreicht, warum gehsten du nie an dein Telefon? Bist du schon wach?
Ralf-Dieter: Was is dann?
Mutter: Bist du noch im Schlafanzug?
Ralf-Dieter: Äh, nee, ich muss doch gleich uff die Arbeit.
Mutter: Jesses, gut dass ich dich noch erreich, es müsst jeden Moment bei dir klingeln, ich hab dich die ganze Zeit net erreicht, ich wollt dir Bescheid saache, dass heut des Paket mit dem Strandkorb kommt, du bist doch Neukunde!
Ralf-Dieter: Was?!
Mutter: Von dem Haus- und-Garten-Versand, wo ich dir erzählt hab, die ham so scheene Sache, da hab ich doch jetz so e Überkreuzbestellung gemacht, weil ich doch schon immer so en Strandkorb fern Garten wollt.
Ralf-Dieter: En Strandkorb?!
Mutter: Des wird als Sperrgut verschickt, weil der doch so riesisch is, es müsst jeden Moment klingeln!
Ralf-Dieter: Mama, ich wohn in em Hochhaus ...
Mutter: Ja, tu en halt übergangsweis in de Keller, mir hole den dann nächst Woch ab, du hast doch so e Kellerabteil, oder?
Ralf-Dieter: Äh ...
Mutter: Den Strandkorb hab ich über Kreuz bestellt, unn du kriegst jetz kostenlos des Kofferset, weil ich dich geworben hab. Du musst jetz nur den Strandkorb in Empfang nemme unn die Annahme quittiern, es müsst jeden Moment ...
Ralf-Dieter: Mama, ich versteh überhaupt net, von was du babbelst.
Mutter: Ich hab dich bei dem Versand als Neukunde geworbe unn

uff dein Name den Strandkorb bestellt. Als Prämie doodefür, dass ich dich geworbe hab, krieg ich des achtteilige Kofferset geliefert, des schenk ich dir. Die vom Versand denke jetz, du hättst den Strandkorb bestellt, aber der is ja fer mich! Mir hole den Strandkorb nächst Woch ab, unn dann kriegst du von mir die Prämie, des Kofferset, des müsst am Dienstag komme.

Ralf-Dieter: E Kofferset?!

Mutter: Ja, acht Rollkoffer, und du bist jetz Neukunde, und du kannst jetz wiederum annern Kunde werbe!

Ralf-Dieter: Was soll ich dann mit acht Rollkoffer?!

Mutter: Des war halt jetz emool die Prämie, freu dich doch, Koffer kann mer immer brauche!

Ralf-Dieter: Mama, ich ...

Mutter: Wart ma, da hab ich grad des Prämienheft, ach guck emool doo! Ich glaub, ich kann des doch noch umbestelle, wenn du des Kofferset net willst. Willst du's werklisch net?

Ralf-Dieter: Ich will's net, ich kann auch kaan Strandkorb in Empfang nemme, ich muss uff die Arbeit!

Mutter: Als Alternativprämie kann ich dir schicke lasse, horsch zu: Einen Panoramasonnenschirm Modell "Ikarus", Durchmesser drei Meter, oh Jesses, naa, des is zu groß für dein Balkon.

Ralf-Dieter: Mama ...

Mutter: Oder nemm des Modell „Kalimera", des hat nur 2,50 Meter Durchmesser, des is aach zu groß, was hasten du aach so en klaane Balkon! Hat's schon geklingelt?

Ralf-Dieter: Nee, ich ...

Mutter: Die solle den Strandkorb in doi Kellerabteil stelle, der werd net in de Uffzuuch passe.

Ralf-Dieter: Mei Abteil is voll, ich ...

Mutter: Horsch ma, was da steht: Eine gern genommene Prämie ist auch das 35-teilige Türstopper-Set "Indoor". Naja, du hast ja nur drei Türn. Oder nemm so e Vogelfutterhäuschen, wahlweise Modell "Maxipiep" oder Modell "Vogelhochzeit", des müssteste halt jetz sehn, des kann ich schwer beschreibe, guck doch ma bei denne im Internet, ich schick dir ma den Link, da sinn alle Prämien ...

Ralf-Dieter: Ich will kaa Prämie!
Mutter: Die ham so scheene Sache, des is en ganz renommierte Versand für Haus und Garten, guck ma, des is aach schee ...
Ralf-Dieter: Ich hab weder Haus noch Garten!
Mutter: 16 Rehe als Dekorationsobjekte in Lebensgröße, nur 50 Euro Aufzahlung! Oder der Kübelpflanzsack "Jumbo", des kann mer aach immer brauche. Oder der Außenbrunnen "Kaskade", passend dazu für nur 100 Euro Aufpreis die Pflanzentreppe "Archimedes". Da kann mer schee e paar Töpf oihänge, grad für en kleine Balkon is des e ganz praktische Lösung, soll ich dir des bestelle?
Ralf-Dieter: Mama, ich will nix, ich muss jetz ... *(Es klingelt an der Haustür)* Oh Gott es hat geklingelt, des is de Strandkorb! Mama, wart ma kurz ...
Mutter: Oder nemm die Rankhilfe Obelisk, die is aach schee, da könntste e paar Tomate nuffziehe!
Ralf-Dieter: *(an der Gegensprechanlage)* Ja bitte?
Mann: Hallo, Sie hatte den Strandkorb bestellt? Mir bräuchte e bissje Platz vorm Haus fer den Kran! Könnte Sie die zehn Autos wegfahrn, wo da stehe, mir blockiern hier die ganz Hauptstraß!
Ralf-Dieter: Was fürn Kran??
Mutter: Nix Kran, Kranich-Dekorationsfigurn, fünf Stück in verschiedenen Größen fer zum um de Teich rumstelle, aber die koste 200 Euro Uffpreis, außerdem hast du doch gar kaan Teich. Nemm lieber die Rankhilfe Obelisk, die kost überhaupt kaan Uffpreis!
Mann: Ohne Kran kriesche mir den Strandkorb net vom Laster, der wiescht e paar hunnert Kilo. Wo solle mern den dann ablade? Hallo? Hallo??
Ralf-Dieter: Oh Gott oh Gott oh Gott, ich fass es net, ich fass es net ...
Mutter: Ja, nä? Unglaublich! Des kost normal 75 Euro, aber du kriegst´s umsonst! Weil du ja Neukunde bist!

Der Baum des Anstoßes

Die Großmutter hat Besuch von ihrer Enkelin. Man trinkt in der Küche Kaffee. Die alte Dame sitzt erhöht auf einem mit Kissen gepolsterten und somit einem Thron ähnelnden Stuhl und schaut zum offenen Fenster hinaus.

Enkelin: Wolle mer uns net ins Wohnzimmer setze?
Oma: Ach naa ... Des Is mein Lieblingsplatz.
Enkelin: Aber vom Wohnzimmer aus hat mer so ne schöne Aussicht über die ganzen Hügel.
Oma: Naja, ich guck lieber da naus ...
Enkelin: Aber drüben kannste bis in de Spessart gucken. Und hier biste direkt an de Straß.
Oma: Ich guck lieber uff die Straß wie in de Spessart. *(Sie blicken zum Küchenfenster hinaus auf die Straße.)* Es Wetter is schee ... Des is gut für mei Knoche, wenn's warm is.
Enkelin: Hier haste ja auch en schöne Blick auf dein Vorgarte. Und der Baum da vorne, der is ja auch toll.
(Sie deutet auf eine große Linde mit prächtiger Krone am Straßenrand.)
Oma: *(abrupt missgestimmt)* Der könnt fort!
Enkelin: Der Baum?
Oma: Ja!
Enkelin: Der is doch schön!
Oma: Den hätte se schon längst umhacke könne! Der versperrt mir die Sicht. Ich hab's deim Vater schon zehnmal gesacht, er soll uff de Gemeinde anruffe, dass die endlich den Baum umhacke!
Enkelin: Der schöne Baum, der is doch gar nich krank.
Oma: Guck? Siehste des Haus hinnerm Baum? Des is die Praxis vom Herrn Dokter Klopfer. Siehste des Schild an de Eingangstür?
Enkelin: Nee ...
Oma: Ich aach net! Weil der Baum devor is! Ich seh überhaupt nix mehr. Die bleede Äst, die hänge direkt vorm Eingang! Mer will schon wisse, wer bein Dokter dabbt! Früher hatt ich alles im Über-

blick. Ich konnt am Anfang sogar ins Wartezimmer gucke! Bis die dann da die blöde Jalousije angebracht ham. Da is gar kaa Sonnenseite, was brauche die dann Jalousije? Ruf halt du emool uff de Gemeinde an unn sag, die solle endlich den Baum umhacke!
Enkelin: Du kannst doch den Baum net fällen lassen, nur dass du in die Arztpraxis gucken kannst!
Oma: Net in die Praxis, des geht ja net weesche de Jalousije. Aber dass ich wenigstens seh, wer hiidabbt. Bei de alt Fraa Neumann, der ihr Nachbarn, die musste sogar ihr Haus en Meter zurücksetze, nur damit die Fraa Neumann zum Parrhaus nüwwergucke konnt! Die hatt en Antraach gestellt, unn da musste die des Haus zurücksetze! Guck, guck, da kemmt schon widder aaner angedabbt, der will bestimmt bein Dokter, aber der hat grad Mittaachspause, unn nachmittaachs mecht der heut nur Hausbesuch ... Wer is dann des ... *(Sie lehnt sich so weit wie möglich aus dem Fenster)* Wer is dann des ...?
Enkelin: Fall net raus.
Oma: Wer dabbten doo bein Dokter um die Uhrzeit ... Oh Jesses! *(Sie schreckt zurück.)* Des is de Dokter selwer! *(Überrumpelt grüßt sie den Passanten, plötzlich hochdeutsch sprechend)* Hallo, Herr Doktor Klopfer, hallo, schönes Wetter heute, Sonnenschein, schön!
Dr. Klopfer: *(bleibt direkt unter dem Baum des Anstoßes stehen)* Ja, ja, ich hab die Mittagspause für einen Spaziergang genutzt. Bei Ihnen alles fit?
Oma: Ja, ja. Meine Enkelin ist gerade zu Besuch!
Dr. Klopfer: Diese Linde ist wundervoll, finden Sie nicht auch?
Oma: Ja, oich schee! Ich hab grad meiner Enkelin gesacht, was fer en scheene Baam dass des is!
Dr. Klopfer: Eine Rarität, dass so ein großer Baum hier überhaupt stehen darf, so direkt neben der Fahrbahn. Hoffentlich wird er nicht gefällt, aus irgendwelchen bürokratischen Gründen.
Oma: Naa, des wolle mer net, Herr Dokter, des wolle mer net, so en scheene Baam, des wolle mer net! Was e Pracht!
Dr. Klopfer: Man weiß ja nie, was den Leute so einfällt. Hoffen wir das Beste. Schönen Tag noch!

Oma: Ja, Ihnen auch!
Enkelin: *(flüstert)* Oma, was war en des jetz?
Oma: *(seufzend)* Was sollt ich en mache? Jesses ... Ich glaab, ich guck bald doch lieber in de Spessart ...

Herr Doktor Klopfer ist derweil weitergegangen. Aufgrund des dichten Blätterwerks der besagten Linde ist nicht zu sehen, ob er seine Praxis betritt oder nicht.

Einmal will ich Ordnung haben

Alfred nutzt einen freien Tag für ein lange aufgeschobenes Projekt: Er will die Bücher im Wohnzimmer alphabetisch sortieren. Einige hundert Exemplare türmen sich in hohen Stapeln auf dem Boden. Inmitten der Buchstelen steht Alfred. Seine Frau Doris betritt das Zimmer.

Doris: Du bist ja immer noch net fertisch.
Alfred: Einmal will ich Ordnung ham, nur einmal!
Doris: Unn die im Regal sinn all schon alphabetisch sortiert?
Alfred: Nix anlange, des verännert sich alles noch. „Marten t´Hart", stell ich den unner „T" oder unner „H"?
Doris: Was waaß ich, wie die Holländer ihr Buchstabe sortiern.
Alfred: Wenn ich´n unner „H" stell, muss de Hemingway mehr nach rechts.
Doris: Duust du sogar die zwodde Buchstabe beachte? Oh Alfred, was e Arbeit, mach doch einfach en Block mit „H". Du kannst doch net innerhalb vom „H" nochma Unnersortierunge mache.
Alfred: Jetz lass mir mei Ruh, ich bin eh schon fix unn fertisch! „Dekorieren im Landhausstil", was isn des für e blöd Buch?
Doris: Des hat die Gabi mir geschenkt, da sinn schöne Bilder unn Anreechunge drin.
Alfred: Von Fenja Beck-Hülfmann. Also „B" ...
Doris: Ja aber wenn ich des Buch such, guck ich doch net unner „B", ich waaß doch gar net, wie die Autorin heißt. Du musst e eigene Ratgeber-Rubrik mache.
Alfred: Ich wollt einmal alles alphabetisch ham!
Doris: Naja, mach, was de willst, des Buch is so dick, des erkenn ich eh am Buchrücke, wenn ich´s ma such. Bei dem isses eigentlich egal, wo´s steht.
Alfred: Die Loriot-Box neewer de Stieg-Larsson-Trilogie, des sieht irschendwie aach blöd aus.
Doris: Loriot is doch Humor. Mach doch e Unter-Rubrik Humor! Wobei die Loriot-Box so dick is, dass mer die aach am Schuber

erkennt, egal wo se steht.
Alfred: Wenn ich alle Bücher, wo mer eh am Buchrücke erkennt, egal wohin stell, dann ... was wollt ich jetz?
Doris: Mach halt e Extra-Rubrik mit Büchern, wo mer eh am Buchrücke erkennt unn wo deshalb net extra alphabetisch einsortiert wern müsse.
Alfred: Oh Gott ...
Doris: Da kannste aach des dicke Buch über die CIA einsortiern, den Autor kennt ja kein Mensch.
Alfred: Ich kenn den, der hat aach des Buch über's FBI geschriwwe. Hier is schon widder Marten t 'Hart, wieso hasten du so viel Bücher von dem? Unn was is Wladimir Kaminer, Humor?
Doris: Ich find den net so lustisch.
Alfred: Unn e Biografie übern Charlie Chaplin? Is des Humor?
Doris: Da würd ich eher e eischene Biografie-Ecke anleesche. Da kannste die von de Lady Di dezustelle.
Alfred: Ich stell en Chaplin net neewer die Diana.
Doris: Ich will ja nix saache, aber die ganzen Krimis ... Guck ma, mir ham bestimmt 150 Krimis, die lese mir doch eh nie mehr. Im Prinzip kann mer die all de Gabi gewwe fürn Büchereiflohmarkt.
Alfred: Aber die will ich vorher nochma durchgucke, vielleicht is ja was debei, wo mer doch noch ma liest.
Doris: Dann mach e Rubrik: Bücher, die nochma durchgeguckt unn dann weggeschafft wern.

Der Nachmittag vergeht. Es entstehen die Zusatzkategorien „Reise", „Garten", „Liebesromane", „Historische Liebesromane", „Lexika", „Comics", „Bastelbücher", „Adelshäuser" und „Autosport". Die von Alfred geplante Ordnungsweise wird letztendlich auf ein schmales Regalbrett begrenzt, in dem die Bücher der Unterrubrik „Bücher, die in keine andere Unterrubrik passen", versammelt sind – in alphabetischer Reihenfolge.

Goya auf DSL

Die 17-jährige Anastasia-Cheyenne klagt ihrer besten Freundin Romina im Schulbus lauthals ihr Leid. Romina wischt derweil auf ihrem Smartphone herum.

Anastasia-Cheyenne: Fucking Schule, ey, ey Romina, ich hab echt kein Bock mehr! Wir ham jetz nochma so viele Tests geschrieben vor Weihnachten, des is alles voll anstrengend!
Romina: Ey echt jetz oder wie?
Anastasia-Cheyenne: Erdkunde hammer heut rausgekriegt, hab ich ne 6!
Romina: Ey nich wirklich ...
Anastasia-Cheyenne: Ja, der wollt aber auch voll die blöden Sachen wissen, irgendwas mit Myanmar oder so!
Romina: Wie Scheiße ist das denn ...?
Anastasia-Cheyenne: Ich mein, was bitte is Myanmar?! Irgendso e Wellebad wahrscheinlich, aber wo? Ich mein, es gibt Vitamar, Miramar, Montemar, vielleicht is des so e neues Wellebad in Hanau ...?
Romina: Ey echt jetz oddä wie ...?
Anastasia-Cheyenne: Ja keine Ahnung, ich hatt's halt hingeschrieben. Unn dann ey, dann war so ne Frage, was die im Myanmar für ne Wirtschaft hätten oddä so!
Romina: Wie Scheiße ist das denn ...?
Anastasia-Cheyenne: Krass, oddä? Woher soll ich'n des wissen, ich war da noch nie, ich hab gedacht, irgendso'n Kiosk wern se ham mit Pommes und Bratworscht. Hab ich null Punkte drauf gekriegt! Unn dann kam schon de nächste Schock, weil dann hat der mich abgefragt über die letzte Stunde, dass ich ne Chance hätt, meine Note zu verbessern oder so!
Romina: Ey echt jetz oddä wie ...?
Anastasia-Cheyenne: Ja, unn des hab ich dann auch übelst versaut, obwohl ich eigentlich alles gewusst hab. Ich mein, der wollt Hauptstädte unn so wissen, des is ja eigentlich voll easy, ich mein

die Hauptstadt von Frankreich is Paris, unn von Österreich die Hauptstadt is Tirol, so Zeug, aber dann, nä, dann sagt er, ich soll ma alle Hauptstädte aufzählen von den Bundesländern, wo im Süden von Deutschland sinn oder so!

Romina: Hallo?!

Anastasia-Cheyenne: Ja unn des war halt mein Problem: Also weil ich hätt die schon alle gewusst unn so, aber ich wusst net mehr, wo Süden is!

Romina: Aha.

Anastasia-Cheyenne: Ja was muss der auch die Frage so blöd stellen?! Ich mein: Hallo?! Woher soll ich wissen, wo Süden is?! Norden, Süden, Osten, die ganzen Himmelsrichtungen, des ham wir mal in der Grundschule gelernt! Des is Jahre her, des weiß ich doch jetz nich mehr! Unn der darf beim Abfragen ja eigentlich nur was über die letzte Stunde fragen, unn nich so Zeug von vor zig Jahrn!

Romina: Ja, des geht ja wohl ma gar nich ...

Anastasia-Cheyenne: Boah was en Stress alles. Geschichte heut lief auch net so doll, aber da konnt mer sich manche Fragen wenigstens erschließen, so mit logischem Denken unn so.

Romina: Ey echt jetz oder wie ...?

Anastasia-Cheyenne: Ja, da war so ne Frage, wann der Kalte Krieg war.

Romina: Hallo ...?

Anastasia-Cheyenne: Ja, ich auch so: Keine Ahnung, aber so wie der schon heißt, warer wahrscheinlich ma irgendwann im Winter. Des hab ich halt so hingeschrieben, dass die beim Korrigiern sieht, dass ich mitdenk unn so. Für die halbe Punktzahl könnt's vielleicht lange ... Naja, unn dann in der letzten Stunde noch Kunst, da hatt ich auch null Plan, da war so ne bescheuerte Frage, warum is Goya so bedeutend oddä so!

Romina: Wie Scheiße ist das denn ...?

Anastasia-Cheyenne: Ja, ich so: Ey was is Goya?? Unn dann denk ich so: Goya, ey, des is doch die Hippie-Insel da in Indien, wo de Eileen ihrn Vadder mir ma von erzählt hatt, nä, der wär da gewesen

vor dreißig Jahrn oddä so, da wär alles orange gewesen unn die hätten da voll gechillt unn so.
Romina: Ey echt jetz oddä wie ...?
Anastasia-Cheyenne: Ja, unn die hätten da so voll die krassen Drogen-Experimente gemacht, mit DSL oddä so, unn ganz Goya wär auf DSL gewesen!
Romina: Wie Scheiße ist das denn ...?
Anastasia-Cheyenne: Der Vater von der Eileen heißt übrigens Arnold mit Vorname, hast du des gewusst?
Romina: Nich wirklich ...
Anastasia-Cheyenne: Krass, oder? Arnold!
Romina: Hä, ja und?
Anastasia-Cheyenne: Ey Romina, du checkst es nich, Arnold! Überleg doch ma, so darf mer doch heut überhaupt keinen mehr nennen! Wegen dem Arnold Hitler!
Romina: Ach so, ja, des geht ja wohl ma gar nich ...
Anastasia-Cheyenne: Naja, egal, jedenfalls fällt mir dann ein, die hieß anners, die Hippie-Insel, was weiß ich, Gomorrha oddä so, auf jeden Fall war des net Goya!
Romina: Ey echt jetz oddä wie ...?
Anastasia-Cheyenne: Weil Goya is nämlich was ganz anneres! Weil des war doch mit den Ägyptern oder so, die hamm doch da ma so'n krasses Pferd geschmiedet, so voll des Riesenteil!
Romina: Wie Scheiße ist das denn ...?
Anastasia-Cheyenne: Ja des hatt mer halt so gemacht damals! Unn des Teil heißt Goyanisches Pferd, weil des ham die dann in so'ne Stadt geschleppt, und die hieß Goya!
Romina: Ey echt jetz oddä wie ...?
Anastasia-Cheyenne: Ja, des war Goya, ohne Scheiß! Ey, Romina, ich bin echt froh, dass mir wenigstens des noch eingefalle is!

Dement am Steuer

Ralf-Dieter (37) erhält einen Anruf seiner Mutter, die sich nach einem zweiwöchigen Urlaub im Allgäu wieder zurückmelden will.

Mutter: Ja, also jedenfalls sinn mer widder da, aber die Rückfahrt war en einzische Stress, ich fahr nie mehr mit deim Vadder Auto! Ralf-Dieter, der hat sich was geleist, da hab ich gedacht, jetz isses soweit, jetz isser dement, dem gehört sofort de Führerschein abgenomme!
Ralf-Dieter: Was war dann?
Mutter: Ich sitz immer nebendran unn denk, gleich kracht's, geblitzt wird er eh dauernd! Walter, sei ruhisch, freilisch wirste dauernd geblitzt! Erst neulich is widder en Bescheid komme! Was? Ja, des sinn dei Ausrede, Ralf-Dieter, jetz sacht er widder, er hätt des Schild net gesehn!
Ralf-Dieter: Was issen passiert uff de Rückfahrt?
Mutter: Ach hör uff, ich will gar net dran erinnert wern, ich zitter jetz noch. Walter sei ruhisch! Jetz behauptet er, er wüsst gar net, was er gemacht hat!
Ralf-Dieter: Was hat er dann gemacht?
Mutter: Ich geb dir ma dein Vadder, der soll dir's selwer saache!
Ralf-Dieter: Was ... Hallo?
Vater: Ich weiß net, was die Mama will.
Mutter: Erzählem, was de gemacht hast!
Vater: Des war e ganz normale Autofahrt, es is überhaupt nix passiert.
Mutter: Geb mir ma widder de Hörer, Ralf-Dieter, hörst du des, wie er sich rausredd?
Ralf-Dieter: Was is dann passiert? Isser widder geblitzt worn?
Mutter: Ach, schlimmer, viel schlimmer, ich weiß noch, ich hab gedacht, jetz isses soweit. Dement am Steuer, ich halt's net mehr aus. Walter, sei ruhisch, er sacht, er wüsst net, was er gemacht hat!
Ralf-Dieter: Was hatter dann gemacht?
Mutter: Ach ... Ralf-Dieter ...

Ralf-Dieter: Isser bei Rot über die Ampel gefahrn?
Mutter: Schlimmer ...
Ralf-Dieter: Hat er was gerammt?
Mutter: Des war ... Ach, ich find kaa Worte ... Des war kurz nach de Abfahrt ... Oder, Walter? Kurz nach de Abfahrt war des.
Ralf-Dieter: Was dann?!
Mutter: Ach Gott, ich weiß es grad gar net mehr, des war so schlimm, ich hab's schon verdrängt. Walter, sei ruhisch, mir fällt's gleich widder ein, des war so schlimm.
Ralf-Dieter: Aber du weißt net mehr, was er gemacht hat?
Mutter: Er selber weiß es ja angeblich aach net mehr, was er gemacht hat. Oder? Saach deim Sohn, was bassiert is!
Vater: Gar nix is bassiert!
Mutter: Dement am Steuer!
Vater: Dement auf em Beifahrerplatz!
(Die Eltern streiten im Hintergrund weiter über den angeblichen schwerwiegenden Vorfall auf der Rückfahrt, an den sich keiner mehr erinnert.)
Ralf-Dieter: Naja ... Hauptsach, ihr hattet en schöne Urlaub. Mama? Mama? Naja ... tschüß!

Das Tablett

Die Großeltern und die 14-jährige Enkelin entspannen sich auf einer Liegewiese im Schwimmbad. Die Oma liest „Adel Aktuell", der Großvater löst ein Kreuzworträtsel, die Enkelin studiert einen Artikel namens „Nie mehr dick mit Bauch-Weg-Jeans".

Oma: Guck doohii! Des hätt ich jetz net gedacht, dass die tablettesüchtig is!
Opa: *(kaut am Stift)* Was is'n e „Tier in den Anden"?
Oma: Frag net dauernd Zeusch! Was de net weißt, lässte halt weg.
Opa: Ich hätt gedacht, Lama, aber Lama basst net.
Oma: Mach halt e anner Rätsel.
Opa: Da kann mer e Reise ins Elsaß gewinne.
Enkelin: Also ich will nich ins Elsaß, da essen die voll fett.
Oma: Du gewinnst eh nix. Als hättst du schon emool was gewonne!
Opa: Grad neulich hab ich was gewonne!
Enkelin: Was denn?
Opa: Beim Toom Getränkemarkt hab ich en Grillhandschuh gewonne. Den hab ich freigerubbelt!
Oma: Ja, als deed ich dich noch grille lasse! Du waaßt, was letzten Sommer bassiert is! So viel Spiritus hat er in de Grill geschüttet, dass e fünf Meter hohe Stichflamme nausgeschosse is! Der hätt sich fast selwer de Kopp abgefackelt!
Opa: Also es hilft mir keiner mit meim Rätsel, ja?
Oma: Was willsten du im Elsaß?!
Opa: Mer kann aach e Tablett gewinne.
Oma: Ja, e Tablett könnt ich gebrauche. Moi scheenes Holztablett, des konnt ich ja wegschmeiße nach seiner Grill-Aktion, des war halbseitisch verkohlt.
Opa: E Tablett im Wert von 200 Euro kann mer gewinne.
Enkelin: 200 Euro? Hallo? Was'n des fürn Luxusteil?
Oma: So teuer is ja net emool es Tablett von de Queen.
Opa: Doo steht's, e Tablett kann mer gewinne!

Enkelin: *(schaut in sein Heft)* Des is en „Tablet", Opa. Des is en Computer.
Oma: Doo isses abgebild, des is doch kaan Comuter, des is ganz flach. Des is nur so e Brett.
Enkelin: Ja, des is en flacher Computer, des sieht halt aus wie en Tablett, deshalb heißt's „Tablet".
Opa: Ja unn was macht mer doodemit?
Enkelin: Da kannste alles mit machen. Da kannste mit ins Internet gehn.
Opa: Ich nemm des Tablett unn geh demit ins Internet?
Oma: Ja, des fehlt grad noch!
Opa: Ah, des is so e neumodisch Ding, wo kaa Taste mehr hat. Wo mer so druff rumrubbelt.
Oma: Des kannst du doch gar net bediene mit deine Finger!
Opa: Ich hab en Grillhandschuh freigerubbelt! Ich hatt drei gleiche Symbole, bei sechs hätt ich en BMW gewonne!
Oma: Als deed ich dich noch fahrn lasse!
Opa: Aber surfe könntste mich lasse, so heißt des doch, surfe, im Internet!
Oma: Du kannst emool zum Kiosk surfe unn uns was zu trinke hole unn jedem en beleeschte Weck. Aber lass der e Tablett gewwe, sonst sterzte widder über dei Füß. Fer mich en Weck mit Mett!
Enkelin: Für mich kein Weck, da wird mer fett!
Opa: *(entschwindet singend)* Ich hol uns schöne fette Weck! En Weck mit Mett uffem Tablett, ich hol uns fette Weck mit Mett! Unn dann mim schöne fette Weck uffem Tablett ins Internet!
Oma: *(blickt ihm nach)* Alsemool maan ich, er hätt doch was von de Stichflamme abkrieht ...

Kriminelle Karrieren

Es ist Mittwochabend kurz nach 20 Uhr. Das Ehepaar Heidrun und Heribert sitzt mit der 80-jährigen Großmutter vor dem Fernseher. Der halbwüchsige Sohn Kevin-André schlurft, in Kapuzenpulli und eine sackartige Hose gewandet, durchs Zimmer.

Kevin-André: *(nuschelt)* Schgehnmein Zimmä.
Oma: Du könntst doch mitgucke! Mir gucke Aktenzeichen XY.
Kevin-André: Schmuss noch Hausaufgaben machen.
Heribert: Computer spiele, des musste! Als deedst du Hausaufgabe mache!
Heidrun: Du hattst de ganze Nachmittaach Zeit fer dei Uffgabe, hock dich her, es fängt gleich an!
Kevin-André: Nee ...
Oma: Aktenzeichen XY, des is so intressant!
Heidrun: Ja, des könntst du ruhisch emool mitgucke.
Heribert: Ruh jetz, es fängt an!
Oma: Oh Jesses, ja, da kemmt schon die erste Fahndung!
Kevin-André: Also gut Nacht, schgehnmein Zimmä.
Heidrun: Des könntste ruhisch emool mitgucke!
Heribert: Dass de ma siehst, was aus dir werd, wenn de weiter nix lernst!
Oma: Ja, ruckzuck biste aach im XY!
Heidrun: Die ham all nix für die Schul gelernt, die Kapuzekerle, wo dann die Sparkasse unn die Supermärkt überfalle.
Heribert: Er lääft ja jetz schon so rum.
Heidrun: Guck, da is schon widder so en Kapuzekerl! *(Sie deutet auf den Bildschirm. Ein Überwachungsvideo zeigt den Überfall eines Vermummten im riesigen Kapuzen-Parka auf eine Tankstelle.)*
Heribert: *(deutet auf seinen Sohn)* Wie dir die Hos widder bis zu de Knie rabb bambelt, so kann mer doch net rumlaafe!
Oma: Wie willsten da nachem Überfall flüchte? Nach 100 Meter ham die dich gefasst mit so ner bleede Hos, wo dauernd runner rutscht!

Heidrun: Wisst ihr noch, von de letzte Sendung, der Tankstellenüberfall in Darmstadt, wo der aane Täter de Polizei direkt in die Arme gelaafe is? Unn die ham nur 100 Euro erbeutet.
Heribert: So, ruhisch jetz!
Oma: Mer muss sich aach en gute Fluchtweesch ausdenke, Kevin-André, merk der des! Unn duu der ma was Ordentliches an unn lass der ma die Haarn schee schneide.
Heidrun: Unn lern was in de Schul, dass de später en gescheite Beruf hast.
Oma: Richtich Geld mache die mit de Anzüüch! Net die Kapuzekerle.
Heribert: Als nur Gewaltspiele am Computer! Stattdassdeder ma Gedanke über dei Zukunft machst!
Oma: Wie der Rechtsanwalt von de letzte Sendung, der Kreditbetrüger, wo sich nach Costa Rica abgesetzt hat. Der hatt e scheene Frisur, unn en scheene Anzuuch. Die Leut ham dem alles geglaabt, die ham dem ihr ganzes Geld gewwe!
Heidrun: Der hatt wenigstens sei Abitur.
Heribert: Unn studiert.
Oma: Unn jetz isser mit 50 Millione Euro unnergetaucht!
Heidrun: Also: Lern was fer die Schul!

Kevin-André schlurft aus dem Zimmer, einer ungewissen Zukunft entgegen. Vom Tankstellenräuber bis zum millionenschweren Kreditbetrüger stehen ihm offenbar, je nach schulischem Engagement, in den Augen seiner Vorfahren alle Karrierewege offen.

Kapitel 2:

„Hauptsach, es is de Testsieger!"

Beim Einkaufen, Füttern und Dekorieren

Charly wird Stadtlabrador

Herr K. setzt sich in der Mittagspause auf eine Bank am Mainufer neben zwei Damen und verzehrt ein Käsebrot. Vor der Bank liegt ein großer Hund im Gras und kaut auf einem Strick herum.

Dame 1: … und jedenfalls hat Rita das gleiche Hundesofa dann bei Ebay für 28 Euro ersteigert, aber du musst noch die Benzinkosten dazurechnen, sie hat das ja in Walldürn abgeholt.
Dame 2: Charly, willste e Leckerli? Leckerli, hm? Hab ich grad noch in de Tasch gefunne.
Dame 1: Oh bitte gib ihm nichts, wir machen doch gerade diese Ernährungsumstellung.
Dame 2: Aber des sinn spezielle Labrador-Kroketten.
Dame 1: Nein, gib ihm bitte nichts.
Dame 2: Des is doch fast nix, guck, die sinn inne hohl, die sehn nur so groß aus, dass er denkt, sein Bauch wär schon voll.
Dame 1: Das ist lieb, ja, aber ich bin gerade dabei, ihn abzufüttern, weil wir doch auf Stadtfutter umsteigen. Im Moment bin ich am Mischen, ein Teil Landlabradorfutter, ein Teil Stadtlabrador, und bis zum Umzug will ich ihn zu hundert Prozent auf Stadtlabrador umgestellt haben.
Dame 2: Du musst ihm es Futter umstelle, weil ihr in die Stadt zieht?
Dame 1: Helena hat gute Erfahrungen damit gemacht, sie hat ja von Stadtmopsfutter auf Landmops gewechselt, wobei sie bei Boogie ja auch noch immer seine Allergien beachten muss. Ich glaube, zur Zeit bekommt er viel Pferdefleisch, weil er halt ein Allergikerhund ist.
Dame 2: Und en Senior isser aach.
Dame 1: Seniorfutter braucht er aber noch nicht, hat sie gesagt, weil er so gute Zähne hat.
Dame 2: Des glaub ich, ich kenn niemand, wo seim Hund so oft de Zahnstein entferne lässt.
Dame 1: Jedenfalls bekommt Charly jetzt 70 Prozent Stadtfutter,

das ist auch ein sehr hübscher Sack, da ist vorne so ne Skyline abgebildet und ein Labrador, der die Pfote hebt, sehr hübsch.
Dame 2: Unn was is da de Unnerschied zwischen Stadtlabradorfutter unn Landlabradorfutter?
Dame 1: Naja, in der Stadt hat er ja nicht so den Auslauf, und er kann nicht so große ... du weißt schon, auf dem Land hat er ja Platz, also das Stadtlabradorfutter sorgt dafür, dass er ...
Dame 2: Dass er wenischer kackt?
Dame 1: Weniger und konzentrierter, ja.
Dame 2: Unn wenn ich aufm Land wohn, isses ja egal, wie groß die Haufe sinn, ach so. Da hat er ja genug Wiese unn Äcker, wo er hiikacke kann. Aber wenn er in de Stadt uffem Spielplatz die Riesehaufe hiileescht, isses Geschrei gleich widder groß.
Dame 1: Ich weiß jetzt halt nicht, wie das ist, also ob ich einem Randlabrador, einem Landlabrador auch Stadtrabladorfutter geben kann, wenn ich will, dass er ...
Dame 2: Klaanere Haufe macht.
Dame 1: Oder was passiert, wenn ich dem Randrab, dem Landlabrador Landmopsfutter geb? Also essen würde er es, Labradore essen ja alles, er hat ja auch schon Umzugskartons gefressen.
Dame 2: Charly, da biste bald en Stadtlabrador, hm? Da biste bald en Stadtlabrador, hm?
Dame 1: Da kann man noch froh sein, dass er kein Agility macht. Überleg mal, die Hunde von Hans-Peter brauchen spezielles Sportfutter, weil sie so gefordert werden, da kostet ein Sack 85 Euro. Da lieg ich mit dem Stadtrabladorfutter wenigstens noch ein bisschen drunter.
Dame 2: Charly, freuste dich schon? Da biste bald en Stadtrablador! En ganz braver Stadtlabrador biste bald! Ja, ich würd dir gern e Leckerli gewwe, aber du wirst grad abgefüttert, gell, ja, abgefüttert wirste grad, bald biste kein Landlabrador mehr.
Dame 1: Morgen gehen wir auf 80 Prozent Stadtfutter hoch.
Dame 2: Ma gucke, ob sich sei Haufe verännern. Gell, Charly? Ma gucke, ob sich dei Haufe verännern! Da sinn mer all schon ganz gespannt!

Dame 1: Charly, komm, wir gehen, komm, nimm deinen Strick mit.
Dame 2: So, tschüß.
Herr K.: Wiedersehn.
Dame 1: Auf Wiedersehen.

Die Damen und der Noch-Landlabrador verschwinden. Die Unermesslichkeit möglicher Gesprächsthemen ist noch unermesslicher, als man bislang vermutet hätte, denkt Herr K., wirft sein Mittagspausenbrotpapier in einen Mülleimer und geht zurück an seine Arbeitsstelle.

Der Testsieger

Das Ehepaar Alfred und Doris betritt ein Bettengeschäft und streunt unschlüssig zwischen Betten, Lattenrosten und Matratzenstapeln umher, bis es von einem Kundenberater abgefangen wird.

Berater: Kann ich Ihnen irgendwie helfen?
Doris: Ja, mir brauche e neue Matratze, also für's Doppelbett.
Berater: Also zwei Matratzen für ein vorhandenes Doppelbett.
Alfred: Zwoo Matratze, ein Bett.
Doris: Obwohl mei Matratze eischentlich noch gut is. Nur bei ihm is in de Mitte so e komische Kuhle. Der hängt richtig dorsch.
Berater: Wie alt ist denn Ihre jetzige Matratze, wenn ich fragen darf?
Doris: Die is vorneweg dreißisch Jahr alt.
Alfred: Vorneweg!
Doris: Äwwer nur bei ihm is so e Kuhle in de Mitte. Mei is eischentlich noch gut.
Berater: Nun ja, nach dreißig Jahren dürfen Sie sich ruhig mal beide etwas Neues gönnen.
Alfred: Mir wolle de Testsieger.
Doris: Ja, da war so en Test von de Stiftung Warentest, unn da war des de Testsieger, ham Sie den da?
Berater: Ein Matratzentest? Wann war das?
Alfred: Ja, de Testsieger von dem Test, ham Sie den da?
Berater: Ich würde hier anders vorgehen und mich zunächst einmal nach Ihren Schlafgewohnheiten erkundigen. Wie ist das bei Ihnen nachts, frieren oder schwitzen Sie eher?
Doris: Ich frier.
Alfred: Ich schwitz.
Doris: Unn er hat die Kuhle, ich net.
Berater: Vielleicht hat in diesem Fall bei Ihrem Mann der Federkern gelitten.
Doris: De Federkern?

Alfred: Wo isn de Testsieger? Kann mer sich da ma druffleesche?
Berater: Ich würde Ihnen raten, sich nicht auf das Testergebnis zu versteifen. Der Testsieger ist nicht automatisch auch für Sie der Testsieger.
Doris: Ja, deshalb simmer ja doo, um uns ma berate zu lasse.
Berater: Um auf die Kuhle in der Matratze Ihres Mannes zurückzukommen: Eventuell hat da bei Ihnen im Laufe der Jahre der Federkern gelitten. Wenn ich Sie beide so anschaue, dann brauchen Sie im Prinzip vom Körpergewicht her ungefähr denselben Härtegrad.
Alfred: Ich liesch gern hart.
Doris: Aber jetz hängt er in de Kuhle.
Berater: Sie sind beide Härtegrad zwei, würde ich schätzen. Zwischen zwei und drei.
Alfred: Also ich hätt schon ganz gern de Testsieger.
Berater: Wo haben Sie denn Ihre vorherigen Matratzen gekauft? Im Fachgeschäft oder im Discounter?
Doris: Des is dreißisch Jahr her.
Alfred: Des war schon groß, des Geschäft, aber kaan Discounter. Naa, en Discounter war des net.
Doris: Hat´s da überhaupt schon Discounter gewwe?
Berater: Die einseitige Kuhle bereitet mir noch leichtes Kopfzerbrechen, schon weil Sie ja beide ungefähr gleich schwer sind. Ruhen Sie denn häufig gemeinsam auf derselben Seite?
Doris: Um Himmels Wille! Ich schlaf seit fuchzehn Jahrn auf de Couch, weil er so schnarcht!
Berater: Ach so! Das erklärt natürlich die einseitige Abnutzung Ihres Doppelbetts. Dann brauchen Sie im Prinzip ja doch nur eine Matratze, wenn nur Ihr Gatte im Bett ruht, oder?
Doris: Ja ich waaß net, deshalb simmer ja doo, um uns ma berate zu lasse.
Alfred: Hauptsach, es is de Testsieger!

Es geht nicht nur um Zombies

Es sind Sommerferien. Vor einer neuen Videospielkonsole in einem großen Elektronik-Markt stehen Elias (8), sein Bruder Finn (9), sowie die nicht mit ihnen bekannten oder verwandten Kinder Birk (5) und Tayfun (8). Finn hält das Gamepad, das in der neuen Version über einen Touchscreen verfügt, in beiden Händen, und steuert die Geschehnisse auf dem riesigen Flachbildschirm, der über ihren Köpfen auf einer Säule montiert ist. Das Videospiel ist auf lautlos geschaltet, dafür dröhnen in unmittelbarer Nähe Schreie und Explosionen eines Actionfilms aus einem Plasmafernseher, dessen Soundqualitäten sich ein Kunde gerade vorführen lässt.

Plasmafernseher: „Ich will, dass die CIA in ihrem eigenen Blut ersäuft! Hast du das verstanden, Taylor? Ich will, dass sie in ihrem eigenen Blut ersäuft, so wahr mir Gott helfe!"
Mutter von Elias und Finn: Ach da seid ihr, ich hab euch überall gesucht! Kommt, wir gehn!
Vater von Birk: *(legt dem kleinen Sohn behutsam die Hand auf die Schulter)* Komm, du hast jetz lang genug zugeguckt. Birk?
(Die Kinder rühren sich nicht und stehen weiterhin dicht gedrängt und mit offenem Mund um die Konsole, den Blick unentwegt nach oben auf den Bildschirm gerichtet. Finn bedient mit routinierten Griffen das Gamepad.)
Mutter von Finn und Elias: Finn, die anderen Kinder wollen auch mal spielen.
Vater von Birk: *(wehrt ab)* Nee, nee, wir gehen ja grad. Birk, komm jetzt bitte!
Mutter von Finn und Elias: Finn, wir gehen. Guck mal, der andere Junge möchte bestimmt auch mal spielen. *(Sie deutet auf den reglosen Tayfun.)*
Vater von Birk: Komm, wir gehen, die Mama wartet doch schon.
Plasmafernseher: „Oh mein Gott! Oh mein Gott! Was ist das denn?! Oh mein Gott! Es kommt auf uns zu! Was zur Hölle ist das?! Festhalten!"

Vater von Birk: Also ich geh jetzt. *(Er entfernt sich.)*
Mutter von Finn und Elias: Finn, hörst du schlecht? Finn! Hallo!
Plasmafernseher: „Ich sag es dir nicht gern, aber es gibt Dinge da draußen, die willst du gar nicht wissen, Brian!"
Vater von Birk: *(kommt zurück)* Also ich geh jetzt.
Mutter von Finn und Elias: Also Elias, wir gehn schonmal. Finn, du kommst dann nach. Elias, komm, wir gehen. *(Sie zieht Elias an der linken Schulter leicht nach hinten, um ihn zum Aufbruch zu animieren. Das Kind pendelt, ohne aktiv Widerstand zu leisten oder zu protestieren, wieder nach vorne.)*
Plasmafernseher: „Wir haben uns Feinde gemacht, Wilson, mächtige Feinde! Aber heute ist Zahltag!"
Vater von Birk: Also wenn du nicht mitkommst, musst du halt dableiben. *(Er entfernt sich erneut.)*
Plasmafernseher: „Sie werden die Menschheit auslöschen! Es geht nicht nur um Zombies, es geht um vierzehn Tonnen reines Plutonium, Jack!"
Mutter von Finn und Elias: Finn, das Spiel is fertig, es wird kein neues angefangen! *(Sie will nach dem Gamepad greifen, doch Finn dreht sich unmerklich und dezent von ihr weg.)*
Plasmafernseher: „Und deshalb sage ich euch eins: Ich bin der härteste Cop in Big Apple und ich bin stolz darauf! Ab heute herrscht Krieg! Ich werde diesen gottverdammten Kreaturen zeigen, wozu ein Mann aus Brooklyn in der Lage ist!"
Mutter von Finn und Elias: Aus, Schluss, ihr könnt daheim weiterspielen. *(Sie entwendet Finn das Gamepad und drückt es Tayfun in die Hand, der das von Finn begonnene Spiel übergangslos fortführt. Alle Kinder schauen weiterhin stumm zum Bildschirm. Tayfun beginnt das nächste Level.)*
Vater von Birk: *(kehrt zurück)* Also wir gehn jetzt.
Mutter von Finn und Elias: Wir auch. *(Sie bleiben hinter ihren Kindern stehen.)*
Plasmafernseher: „Oh mein Gott! Da ist es schon wieder! Brian, sag, dass das nicht wahr ist! Oh mein Gott, es wird uns zermalmen! Oh mein Gott! Es kommt näher! Oh mein Gott! Oh mein Gott!!!"

Signierstunde

Nach einer Autorenlesung in einer Buchhandlung steht ein älteres Ehepaar am Büchertisch. Beide blättern unschlüssig in Kurzgeschichtenbänden des eingeladenen Schriftstellers, der mit signierbereit gezücktem Füller hinter den Bücherstapeln sitzt.

Frau: *(sehr resolut)* Sagen Sie mal, gibt's in einem Ihrer Bücher eine Erzählung, in der New York vorkommt?
Autor: Ähm, nein, also New York ... Nein, tut mir Leid.
Frau: Ach schade!
Mann: *(heiser krächzend)* Wieso denn New York?
Frau: Na das hätten wir Margret schicken können!
Mann: Die wohnt doch in Köln.
Frau: Ja aber sie interessiert sich doch so für New York. Na dann halt nicht.
Autor: Eine Erzählung spielt in Köln.
Frau: Na das bringt uns nichts. Gehen wir?
Mann: Wart, lass mich nochmal hierdrin blättern.
Frau: *(deutet auf eine Überschrift im Inhaltsverzeichnis eines der Bücher)* Und was ist das hier? „New Yorker Prinzenrolle", das ist doch was mit New York!
Autor: Nein, das hat eher mit der Modekette New Yorker zu tun.
Frau: Schade. Sonst hätten wir das Margret schicken können.
Mann: *(gibt dem Schriftsteller ein Buch)* Könnten Sie mir das signieren?
Frau: Ach, nimmst du jetzt doch eins mit?
Mann: Für Hans-Peter bitte.
Autor: Hans Peter?
Mann: Lorenz!
Autor: Für Lorenz? Soll ich schreiben, „Für Lorenz"?
Mann: Naja, wenn Sie wollen.
Autor: Für wen ist es denn?
Mann: Für mich.
Frau: Es ist für ihn, er heißt Hans-Peter.

Mann: Lorenz!
Autor: „Für Hans-Peter und Lorenz"?
Frau: Nein, das ist er, Hans-Peter Lorenz, aber Sie können auch schreiben: „Für Familie Lorenz."
Mann: Nein, für Hans-Peter.
Frau: Also für dich.
Mann: Für mich.
Frau: Also für ihn. Oder schreiben Sie: „Für meinen Mann."
Mann: Wieso das denn?
Frau: Dann schenk ich dir das Buch.
Autor: Aber er ist ja nicht mein Mann.
Frau: Ja, das weiß er ja, schreiben Sie: „Für meinen geliebten Mann Hans-Peter in Dankbarkeit, dass er mit mir auf die Lesung gegangen ist, obwohl Champions League war."
Mann: War ja nur Vorrunde.
Autor: *(schreibt)* „Für meinen geliebten ... Mann ... Hans-Peter ..." Äh, wie weiter?
Mann: Na, Lorenz!

Die Osterdekoration

Es ist um die Mittagszeit in einer kleinen Back-Shop-Filiale. Verkäuferin Hilda bedient einen unschlüssigen Kunden. Ihre Kollegin Carla kniet neben der Theke vor einem riesigen Pappkarton mit der Aufschrift „Schaufenster-Deko" und fördert nicht enden wollende Ranken von Kunst-Efeu zutage. Auf dem Boden verteilt liegen Plastik-Kürbisse, ein Plüschpinguin, eine aufblasbare Nikolausfigur und ein zerbeulter Strauß Kunstrosen.

Kunde: Also ich glaub, ich nehm so en belegtes Brötchen. Des da, mit Tomate-Mozarella.
Carla: *(im Deko-Karton wühlend)* Hilda, mir brauche mehr Eier!
Hilda: Ich waaß net, wo die Eier sinn. Wenn, dann sinn se in de Kiste. *(Zum Kunden)* Tomate-Mozarella?
Carla: Wie soll ich dann Ostern dekoriern, wenn mir net ma Eier ham?
Kunde: *(deutet in die Auslage)* Ja, des da, mit Tomate-Mozarella.
Carla: *(hält zwei bunte Plastik-Eier in die Höhe)* Ich wühl unn wühl unn hab nur zwei Eier gefunne. Die lange doch net für's ganze Schaufenster!
Hilda: Des is kaa Tomate-Mozarella, des is Tomate-Ei.
Kunde: Ach, des sinn Eierscheibe! Naa, dann nehm ich des net. Ich hab gedacht, des wär Mozarella.
Carla: *(hält ein Bastgeflecht in die Höhe)* E Nest is da, aber ohne Eier. Was soll mer dann mit em Nest ohne Eier? E paar Frühlingsblumme wenn mer wenigstens hätt! Die könnt mer aach nach Ostern noch e paar Woche drin lasse unn müsst net gleich widder umdekoriern. So bunte Blumme gehn aach im Sommer, wenn's warm is, oder?
Kunde: Ham Sie auch was Warmes?
Hilda: Was Warmes?
Carla: Hilda, die Frühlingsdekoration könnt ich dann zur Not bis zum Sommer drinlasse, oder?
Hilda: Pizzastückscher hammer, die kann ich Ihne warm mache.

Mir ham mit Spinat, mit Salami unn Schinke, mit Salami unn Pilze, mit Tomate unn Käs überbacke.

Carla: *(zerrt weitere Kunst-Efeu-Ranken aus dem Karton)* Hier is nur Efeu, alles voller Efeu, ich werd noch verrückt. Des is doch Herbst. Efeu is Herbst, oder? E paar Frühlingsblumme wenn mer wenigstens hätt!

Hilda: De Efeu is Erntedank. Hatte mir net letzt Jahr für Ostern so en Has?

Carla: Da is kaan Has, da is nur en Pinguin von de Winterdekoration.

Kunde: Ich glaub, so e Viertel Pizza langt mir net. Also wenn, dann nemm ich vier Stückscher, dann hätt ich ja e ganze Pizza. Wär des möglich?

Hilda: Es kann doch net sei, dass mir gar nix fer Ostern ham. Vier Stück Pizza, ja?

Carla: E Nest is da, aber ohne Eier. E paar Frühlingsblumme wenn mer wenigstens hätt.

Hilda: Guck ma, neben den Kürbissen seh ich von hier aus so rote Blumme, nemm doch die!

Carla: Des sinn Rosen, die sinn kaa Ostern, die sinn noch vom Muttertag, die hab ich grad erst abgehängt.

Hilda: Muttertag kommt doch erst noch.

Carla: Net Muttertag, vom Valentinstag warn die. Ich werd noch verrückt, als die Umdekoriererei! Als deed ein Mensch bei uns ins Schaufenster gucke!

Hilda: De Chef hat gesacht, zumindest die Jahreszeiten soll mer im Schaufenster erkenne könne.

Carla: Ich frag mich, wo der die Unmenge an Kunst-Efeu her hat. Mir sinn doch kein Beerdischungsinstitut! Wenigstens en Has wenn mer hätt! Unn e paa Eier! De Herbst is wenigstens einfach, da kommt des Kürbis-Gelump rein unn fertisch.

Kunde: Also ich nehm vier Pizzastückscher: Eins mit Schinkensalami, eins mit Spinat, eins mit Pilze unn eins mit überbackene Tomate.

Hilda: Da ham Sie ja dann e richtige Pizza Vier Jahreszeiten. Carla, hast du gewusst, dass wenn mer unser Pizzastückscher kombiniert, dass mer dann e Pizza Vier Jahreszeiten krieht?

Carla: So eine könnt mer aach ins Schaufenster leesche. Dann wär Ruh. Als die Umdekoriererei!

Vintage Look

Herr K. steht in einem großen Modegeschäft in Frankfurt an der Kasse. Als er an der Reihe ist, gibt er dem Verkäufer ein Hemd und holt den Geldbeutel hervor.

Verkäufer: *(tippt und lässt den Kassenbon heraus)* So, das macht 59,90 Euro. Sammeln Sie unsere Fashion Points?
Herr K.: *(hält inne)* Was? Nee, des kann net sein. 10 Euro hat da gestanne.
Verkäufer: 59,90 Euro, das hab ich so im Computer drin.
Herr K.: Nee, des hab ich von unne, von so em Ständer, da war e Schild: „Alles für 10 Euro".
Verkäufer: Also das kann nich sein, das is ja auch en ganz neues Hemd, das kriegense doch nich für 10 Euro!
Herr K.: Wenn des teurer is, nemm ich's net, des is ja auch kaputt. Ich denk, deshalb isses runnergesetzt.
Verkäufer: Das seh ich jetz nich, wo das kaputt sein soll.
Herr K.: *(hebt das Hemd hoch)* Da, der Knopp is halwer ab unn hinne am Rücke is en Riss.
Verkäufer: Ja das is so, das is der Vintage Look.
Herr K.: Ich kauf kaa kabutten Hemd für 60 Euro. Für 10 Euro hätt ich's genomme.
Verkäufer: *(legt ihm den Kassenbon hin)* 59,90 Euro, wie schon gesagt.
Herr K.: Des hat unne an em Ständer gehonge, da war e Schild: „Alles für 10 Euro". Ich bin doch net bekloppt, ich hab mir des doch net ausgedacht.

Der Verkäufer atmet unwillig ein und aus, nimmt das Hemd und verschwindet. Nach einer Minute kommt er wieder zurück.

Verkäufer: Also ich hab die Kollegin gefragt, das is nich runtergesetzt, da müssen Sie sich verguckt haben. Das is Neuware von der Autumn Trend Line, das kriegense nich für 10 Euro.

Herr K.: Dann hat's einer falsch da dezugehängt. Jedenfalls nemm ich's net.
Verkäufer: Jetzt hab ich's aber schon eingebongt.
Herr K.: Da kann doch ich nix defür, ich will's net. Erst robbese's Hemd kabutt, dann schildernse's falsch aus unn dann wollese noch 60 Euro defür. De Knopp is halwer ab unn hinne is en Riss quer übern Rücke! Hier, gucke Sie doch, en riesische Riss, quer übern Rücke!
Verkäufer: Das is so, der Riss is extra da drin, das is der Vintage Look! Das is sogar handgemacht.
Herr K.: Des is e kabutten Hemd unn fertisch, unn ich will's net!
Verkäufer: Das is jetz echt blöd, ich hab das jetz schon eingebongt.
Herr K.: *(reißt den Kassenbon mittendurch)* So.
Verkäufer: Was wird das jetz?!
Herr K.: Vintage Look, handgemacht. Tschüß.

Der Kunsthandwerkermarkt

Die Freundinnen Tina und Yvette, beide um die 40, haben einen Kunsthandwerkermarkt besucht. Am Ausgang füllen sie an einem Stehtisch Gewinnspielkarten aus, die man in eine aufgestellte „Glücks-Box" werfen muss.

Tina: „Bitte nur eine Karte pro Person ausfüllen", steht da. Ach Quatsch, ich füll für den Andreas auch noch eine aus.
Yvette: Ich hab auch schon fünf Stück reingeschmissen. Ich gewinn eh nie was. *(Beide tragen mit Kuli Adresse um Adresse in die vorgedruckten Postkarten ein und werfen sie in die „Glücks-Box". Währenddessen tauschen sie sich über ihre Eindrücke vom Kunsthandwerkermarkt aus.)*
Tina: Also Yvette, ich will ja nix sagen, aber 70 Prozent war doch Schrott, oder?
Yvette: Mhm, ja allerdings ... Wer kauft denn sowas?
Tina: Diese Wurzelkatzen, und dann sagen die, das ist Kunst. Wer stellt sich denn solche hässlichen Wurzelkatzen in die Wohnung?
Yvette: Die warn doch für draußen.
Tina: Ich will auch draußen keine Wurzelkatze haben!
Yvette: Das Zeug von der Filzfrau hat mich auch überhaupt nicht angesprochen. Wer stellt sich denn gefilzte Sonnenschirme auf die Terrasse?
Tina: Die war auch so aufdringlich mit ihrer südländischen Lebensfreude, sowas zieht mich immer total runter.
Yvette: Hast du mit ihr gesprochen?
Tina: Nein, aber die hat doch so laut auf diesen Zeitungsreporter eingeredet: Sie ist aus Biebergemünd und vor 20 Jahren nach Portugal ausgewandert, und da hat sie dann in einer Baum-Kommune das Filzen entdeckt. Und jetzt wohnt sie wieder in Biebergemünd, aber filzt weiter.
Yvette: Diese Wipp-Libellen von dem Event-Schreiner aus Langenselbold, sowas steckt sich doch auch keiner in den Teich!
Tina: Ist irgendwie schon frustrierend, wenn man sowas sieht. Und

dich haben die abgelehnt mit deinen schönen Acryl-Bildern, die „Women in White"-Serie, die ist so ausdrucksstark!
Yvette: Sie hätten über 100 Bewerbungen für Acryl, hat die mir am Telefon gesagt. Sie können nur zehn Künstler zulassen.
Tina: Ja, aber dann haben sie genug Platz für solche Wurzelkatzen und Wipp-Libellen und Filzkram!
Yvette: Ja, aber du hättest dich auch bewerben können, Tina. Du machst doch so tolle Skulpturen!
Tina: Ich trau mich noch nicht so richtig, damit an die Öffentlichkeit zu gehen. Das ist eher noch so was, wo ich noch nicht nach außen lassen will.
Yvette: Ja aber guck doch, was die Leute für Zeug ausstellen! Das kannst du doch auch!
Tina: Ja ...
Yvette: Ja sicher!
Tina: Ja, Frau Hofmann-Stadler von der Waldschmiede hat mich auch kürzlich total ermutigt, das war für mich schon ein Stück weit ein Signal, dass ich mich jetzt langsam mal mehr öffnen könnte.
Yvette: Ja siehst du!
Tina: Sie hat da ziemlich positiv auf mich eingewirkt, dahingehend, dass ich dann am nächsten Tag meinen ersten Kupferdrachen fertig gemacht habe. Der steht jetzt in der Garage.
Yvette: Den hättest du doch auch schön ausstellen können!
Tina: Wenn die nicht mal deine „Women in White" nehmen, und du hast ja immerhin schon bei der Hof-Art und im Seelenraum ausgestellt!
Yvette: Vielleicht sollten wir für nächstes Jahr ne Doppelbewerbung abschicken. Bis dahin ist mein nächstes Projekt fertig. Ich mach so was zum Thema Weiblichkeit.
Tina: Okay ...? So, ich hab jetzt alle Karten ausgefüllt.
Yvette: Ja, ne serielle Momentaufnahme von Gefühlen. Wut, Trauer, Entsetzen, Resignation und so. Da würden deine Kupferdrachen doch gut dazu passen, so von der Aussage her.
Tina: Oh Gott, ich seh grad, was man hier überhaupt gewinnen

kann! „Erster Preis ist das Wurzelkatzen-Ensemble „Felidae" – pfiffige Begleiter für drinnen und draußen. Zweiter Preis ein gefilzter Sonnenschirm Modell „Lisboa", dritter Preis ein Libellen-Schnitzkurs in Langenselbold."

Yvette: Oh nein, wie schrecklich, jetzt hab ich bestimmt schon 15 Karten eingeworfen!

Tina: Ich auch über 20 ... Oh Gott, hoffentlich gewinnen wir nix ... Oh nein, oh nein ...

Die Freundinnen entfernen sich. Wer bei der nächsten Ausgabe des Kunsthandwerkermarkts neben „Wurzelkatzen", Filz und gedrechselten Libellen auch serielle Momentaufnahmen von Gefühlen in Acryl in Kombination mit Kupferdrachen-Skulpturen erspäht, weiß, dass die Bewerbung der beiden Damen diesmal wohl erfolgreich war.

Die Seniorenbatterie

Im Supermarkt begegnen Dieter und seine Frau Gundula zwischen Kühlregal und H-Milch-Stapeln Dieters entferntem Verwandten Helmut.

Helmut: Ei Dieter, bist du's?
Dieter: Ei Helmut, biste aach am Oikaafe?
Gundula: Grüß dich, Helmut.
Helmut: Ham die grad Sonderangebote, wo ich nix von weiß, oder warum kauft ihr doo oi? Ihr wohnt doch in em ganz annern Eck.
Dieter: Mir warn die Omma besuche, also de Gundula ihr Mutter. Deshalb kaufe mer heut doo oi.
Gundula: Ja, des liegt jetz uffem Heimweg. Mir ham die Mutter besucht, da kann mer ja gleich es Nützliche mim Notwendische verbinde, nä?
Helmut: Ich hab noch gedacht: Guck doohii, de Dieter unn die Gundula!
Gundula: Dieter, ich geh ma kurz zum abgepackte Brot. *(Sie verschwindet.)*
Dieter: Ja, mir warn die Omma besuche. Die wohnt doch seit eim Monat in dem neue Seniornheim.
Helmut: Ach ja, siehste.
Dieter: Seniorenresidenz „Fazit", kennste bestimmt.
Helmut: Freilich, e mords Gebäude owwe am Hang, die ham e paar hunnert Bette. Aja, is schon schlimm, wenn die alte Leut dann all da neikomme. Aber was will mer mache.
Dieter: Naja, de Omma gefällt's.
Helmut: Ihr gefällt's, ach ja, siehste.
Dieter: Zumindest beschwert se sich kaum noch.
Helmut: Ach ja, siehste ... Aja, so schlimm isses auch widder net. Da sinn se wenigstens net ellaans.
Dieter: Ja, da sinn die unner sich, da is immer was los. Sonst würd se ellaans in ihrne große Wohnung hocke, des bringt ja aach nix.
Helmut: Naa, des bringt nix.

Dieter: Jetz hat se e kleines Zimmer, aber des langt.
Helmut: Ja, im Alter brauch mer net mehr so viel Radius.
Dieter: Unn es is ja net so, dasse de ganze Tag im Zimmer hocke müsst. Alsemool dürfe se aach naus. Die ham en Park, oder vielmehr so e Freifläche. Da dürfe se naus, also die, wo noch laufe könne.
Helmut: Ach ja, siehste, da dürfe se aach naus.
Dieter: Unn zweimal in de Woche kommt de Dokter.
Helmut: De Dokter, ja, aha.
Dieter: Unn des Esse is aach gut. Die kriege des zu feste Uhrzeite, dasse en Rhythmus im Daach ham. Unn des is net so e Pampe, des is gut Qualität. Unn nach em Esses dürfe se nochma kurz naus.
Helmut: Siehste.
Gundula: *(kommt zurück)* So, da bin ich wieder.
Dieter: Da kann mer echt nix saache: Die ham kaan Stress, die kriege gut zu esse, zweimal die Woche de Dokter, unn alsemool dürfe se aach naus. Des Geld isses uns schon wert.
Gundula: Ja, Freilandhaltung muss schon sein. Wenn ich an die arme Viecher in denne Batterije denk, da läuft mir's kalt de Buckel nunner. *(Helmut und Dieter sehen sie verständnislos an.)* Ihr habt doch eben über Hühnerhaltung gebabbelt ...?
Dieter: Naa.
Gundula: Ach so, egal, jedenfalls brauche mir noch Eier, gut, dass du mich dran erinnert hast.
Helmut: Ja, tschüß, grüßt euer Mutter.
Gundula: Hoffentlich isse bald widder uffem Damm.
Helmut: Isse krank?
Dieter: Aja, die stecke sich halt all geescheseitisch an ...
Gundula: Saach's keim weiter, aber seit die da wohnt, nimmt die ununterbrochen Antibiotika.
Dieter: Des is halt schon en Nachteil ...
Helmut: Äwwer wenischstens dürfe se alsemool naus ...

Im China-Restaurant

Antje und Michael, beide Anfang 30, sitzen abends in einem chinesischen Restaurant. Es läuft sehr dezente, gedämpfte Musik. Die wenigen Gäste im Raum essen schweigend. Der lächelnde Kellner serviert dem Paar zwei dampfende Teller.

Kellner: Zweimal Fuffumsechsig, bitteschööön.
Antje: Oh, das sieht lecker aus. Ich hab so einen Hunger!

In diesem Moment ertönt ein grässlicher Alarmton. Gäste und Personal zucken zusammen und schauen sich um, bis klar ist, dass es sich um das Smartphone der jungen Frau handelt, die das immer lauter werdende Gerät hektisch aus der Handtasche zerrt.

Antje: *(laut ins Telefon)* Nadja? Oh Gott, jetzt hätt ich dich vor Schreck fast weggedrückt! Das hat so laut geklingelt eben! Michael und ich sind grade im ... Ja ... Ja ... Ach so, ja ... Okay ... Du, ich kann jetzt schlecht reden, Michael und ich sind grade im ... Wir haben grade unser Essen ... *(Ihr Freund beginnt zu essen.)* Ja, ich weiß auch nich ... Nee, übernächstes Wochenende geht nich ... Nee, geht nich ... Ich dachte, wir hatten ... Ich denk, wir treffen uns jetzt am ... Du, ich hab keine Ahnung, wie wir das machen sollen, es hat ja immer eine keine Zeit, ich mein, wie willst du das ... Ja koordinier du mal ... Ich mein, ich kann ja auch nix dazu, dass die Melanie am Sonntag nich kann ... Samstag, nächsten Samstag? Ja, im Prinzip schon ... Kann da die Annette? Kann da die Annette? ... Nee, ich kann, aber ich frag mich, ob die Annette da kann ... Ich weiß es nich ... Ich hab da auch ehrlich gesagt kein Nerv zu ... Ja ... Ja ... Ja ... Is schon klar ... Ich muss jetz ... Kannst du vielleicht in ner halben Stunde nochmal ... Mir wär's ja auch egal, aber irgendwann müssen wir's halt mal machen, ich mein, das is ja schon in drei Monaten ... Ich weiß, dass es nich an dir liegt ... Ja ich hab auch kein Bock mehr, jedem nachzutelefoniern, ich ... Nein ... Keine Ahnung ... Weiß ich nich ... Was heißt, die Melanie hat keine Lust, ich hab auch keine Lust ... Keiner hat Lust ... Aber die Sabrina erwartet das, das isses ja, die erwartet das ... Nein ... Tut sie ja nicht ... Nee, keine Chance ... Nadja, ich hab ja auch gedacht, die müsste das doch merken, dass da keiner Lust drauf hat ... Barcelona, das ... Ja das will die doch nur, weil wir mit der Sarah damals auf Ibiza warn ... Nein, hab ich ja auch gesagt ... Ja ... Wie willst du denn sieben Mädels koordiniern, wo in ganz Deutschland verstreut ... Ja, ich weiß ... Ich mein, ich hab auch was Besseres zu tun, als an Ostern der Sabrina ihrn Junggesellinnenabschied in Barcelona zu feiern ... Das ist ja auch ne Geldfrage, davon mal abgesehn ... Da brauch die Sabrina sich ja dann keine Gedanken mehr drum zu machen, wenn sie den Typ heiratet ... Ja was soll ich denn ... Dann soll die Annette es ihr halt sagen ... Ich flieg auch nich nach Ibiza ... Nein, ich mein, was muss sie in ihrem Alter jetzt noch auf so nem Junggesellinnenabschied bestehn ... Ich seh die zweimal im Jahr und dann soll ich ... Ja ... Nein ... Ja genau ... Unmöglich ... Ja soll ihr Typ uns halt einladen, dann wär ich dabei ... Ja natürlich kannst du ihr das nich sagen ... Ich find das auch unmöglich ... Die soll den heiraten ... Die soll den heiraten und uns in Ruhe lassen ... Wir stressen uns seit Monaten da rum ... Weiß sie ja dann doch nicht zu schätzen ... Ich reg mich schon wieder auf ... Nadja, ich ruf dich zurück, ich ... Ja, bis dann ... Ciao ... Ciao-ciao ... Ciao! *(Sie legt auf.)*

Michael: Hm?

Antje: Ach, was ein Mist! Die Nadja wieder, wegen dem Junggesellinnenabschied, wo wir planen müssen. Jetz is mein Essen kalt wegen der blöden Sabrina. Naja, eigentlich is die Annette schuld. Wenn die damals den Mike nich in What´s App blockiert hätte, wär das alles nich passiert.

Michael: Aha.

Antje: Weil er hat sich dann irgendwie bei der Sabrina ausgeheult, weil die Annette ihn blockiert hat, und so hat die ja überhaupt erst seinen Bruder kennengelernt, und mit dem is sie dann zusammengekommen! Und jetzt heiratet die den Depp, und ich soll für hunderte von Euro nach Barcelona fliegen, weil sie da ihrn Junggesellinnenabschied feiern will, beziehungsweise, die Sabrina

will, dass wir sie mit nem Flug nach Barcelona überraschen, weil offiziell darf sie ja von nix wissen, wir müssen sie ja damit überraschen, aber sie fädelt das hintenrum über die Melanie ein, dass wir das mitkriegen, was sie verlangt! Was sagst du bitte zu sowas?!
Michael: Hm ...
Antje: Sag doch mal was!
Michael: Bei Männern is des alles irgendwie einfacher ...

Nach diesem Fazit fahren sie schweigend mit dem Verzehr der – inzwischen erkalteten – Nummer „Fuffumsechsig" fort. Im China-Restaurant kehrt wieder Ruhe ein.

Advent in der Fußgängerzone

Doris und Alfred begegnen in der vorweihnachtlich verstopften Fußgängerzone Hartmut und Notburga, einem befreundeten Pärchen. Doris schleppt einen Eimer Meisenknödel, Notburga eine riesige Plastiktüte, aus der der Kopf eines aus Bast geflochtenen Dekorationshirschs ragt.
Die Männer sind über und über mit Tüten beladen und mühen sich stumm damit ab, nicht vom Strom der Passanten weggezerrt zu werden. Unbeirrt von Rempeleien und allem Trubel führen Doris und Notburga ein lautstarkes, von der Freude des Wiedersehens geprägtes Gespräch.

Notburga: Euch hat mer ja schon ewig net mehr gesehn! Doris, ich hatt versucht, dich anzuruffe!
Doris: Mir warn doch uff de Aida! Mir sinn gestern erst zurückkomme!
Notburga: Ach wie schee! Wo seidern rumgefahrn? Mir warn letzt Jahr uff de Costa im Mittelmeer!
Doris: Kanaren warn mer, unn en Schlenker nach Madeira hat´s Schiff aa noch gemacht.
Notburga: Ach wie schee, Hartmut, hastes gehört, die warn mit de Aida uff de Kanare!
Doris: Foddevendura, Gran Canaria, Teneriffa unn Lanzarote! Ich hab fünf Kilo zugenomme, da gibt's ja sechs mal am Daach Esse!
Notburga: Die Lore war neulich aach mim Schiff uff Lanzarote.
Doris: Was? Jesses, was en Trubel, ich hör dich kaum!
Notburga: Die Lore war uff Lanzarote!
Doris: Die Lore war uff de Lofote, net uff Lanzarote!
Alfred: Mir müsse ma weiter, mir reiße die Ärm ab.
Notburga: Wie seidern da nabb komme?
Doris: Was?
Notburga: Wie seidern da nabb komme?
Doris: Mim Fluuchzeusch! Mir sinn mim Fluuchzeusch zum Schiff geflooche!

Hartmut: War des en Flugzeugträger?
Notburga: Hartmut, sei doch ma leis! Ach siehste, da seider da nabbgeflooche!
Doris: Mir sinn mim Taxi zum Bahnhof, mim Zug zum Flughafe, mim Shuttle-Bus zum Terminal 2, mim Flughafebus zum Flugzeug, mim Flugzeug nach Gran Canaria, vom Flughafe in de Bus, mim Bus uffs Schiff unn desselbe widder retour!
Alfred: *(leise zu Hartmut)* Strabazze ...
Notburga: Mir sinn letzt Jahr mim Stewa-Bus direkt zum Schiff gefahrn!
Doris: Was haste dann doo fer en riesische Hirsch, den seh ich erst jetz!
Notburga: Was meinste?
Doris: Doo, dir guckt doch da en Hirsch aus de Dudde!
Notburga: Ei des is so en Dekorationshirsch, der war runnergesetzt beim TK Maxx, da mach ich e Lichterkette drum unn stellen in de Wintergarte.

Einem mit Tüten bepackten Pulk Passanten gelingt es fast, die kleine Gruppe zu sprengen.

Notburga: Passe Sie doch uff!
Doris: Jesses, was e Gedränge, die Leut sinn ja verrückt, die renne aan fast um!
Alfred: Mir blockiern hier ja aach die ganze Gass.
Notburga: Die kaafe oi wie wahnsinnisch! Mir komme grad aus de City, da war's genauso! Vorm Kaufhof wär de Hartmut fast über so en Rentierschlitte gesterzt. Gell, Hartmut? So, da wart ihr uff de Aida, siehste!
Doris: Ich ess nix mehr bis Weihnachte, ich hab fünf Kilo zugenomme!
Notburga: *(deutet auf Doris' Eimer mit der Aufschrift „Mega-Meisenknödel-Box")* Habter e paar Futterbällchen kaaft?
Alfred: *(leise zu Hartmut)* Seit se Diät macht, stoppt se die Singvöschel voll.

Doris: Die häng ich all in de Garte, die Vöschel finne doch sonst kaa Futter im Winter!
Notburga: Ja, ich habbene aach schon uffgehängt!
Alfred: *(zu Hartmut)* Die stoppt die so voll, dasse vom Baam falle. Völlisch verfettet. Letzt Jahr hab ich die tote Vöschel mim Laubsaucher grad nüwwer bein Nachbar geblase. Denne ihr Katz hat sich die Zähn ausgebisse an denne gefrorne Bolle.
Notburga: Oh Jesses, ich werd abgetriebe! Doris, mir telefoniern, macht's gut! Hartmut, hopp, auf!
Doris: Frohe Weihnachte, wenn mer uns net mehr sehn!

Notburgas Antwort ist nicht mehr zu hören. Die Paare driften auseinander und verschwinden innerhalb weniger Sekunden im Sog der Masse.

Kapitel 3:

„Für´s Meer alleins brauch ich net doo nabb, da kann ich aach in die Dommrepp!"

Von Kreuzfahrern und anderen Reisenden

„Musse bezahle!"

Nach einem Wochenende in Mailand stehen Alfred und Doris sonntagmorgens zum Aus-Checken an der Rezeption. Eine unangenehme Sache muss noch geklärt werden: Als Alfred sich nämlich zum Abschluss des gestrigen Abends aus der Minibar bediente, stellte sich heraus, dass eines der Whiskey-Fläschchen – wohl von einem trickreichen früheren Gast – geleert und danach mit Bier wieder aufgefüllt worden war. Alfred selbst bemerkte die Mogelpackung erst, als er schon einen Schluck getrunken hatte. Mit besagtem halbleerem Fläschchen in der Hand versucht er nun, die Situation zu erklären.

Alfred: Was heißten „uffülle" uff english? Fill uff? Someone filled uff the bottle with beer, kann mer des so saache?
Doris: Saach am beste gar nix, am End müsse mer's doch bezahle.
Alfred: Ich bezahl doch nix, wo ich net getrunke hab! Ich verklicker des dem jetz, dass da irschenden Schlaumeier des Whiskey-Fläschje getrunke unn mit Bier uffgefüllt hat.
Doris: Was mussten des aach uffmache!
Alfred: Ich hatt Dorscht!
Rezeptionist: *(kommt aus dem Hinterzimmer)* Ah, buongiorno, signora, you leave us today?
Doris: Yes.
Rezeptionist: Everything was alright? You hadda nice stay in Milano? Alles gutt?
Doris: Yes, yes, everything was wonderful.
Alfred: Not everything, also es is so, dass ... Wie mir gestern haam komme sinn, wollt ich noch en Korze trinke ... I wanted to ...
Doris: Tu jetz des Fläschje weg, des kapiert der eh net. Ich bezahl's aafach!
Rezeptionist: Allora ... Did you take anything from the minibar?
Doris: Yes, my husband ...
Alfred: Yes, äh, drei Schnäps, I pay drei Schnäps from the minibar, but I pay not the whole minibar!

Doris: What he wants to say is ...
Rezeptionist: Not pay? Warum not? Musse bezahle Minibar. Pagare!
Doris: Ja, mir bezahle ja, mir pay ...
Alfred: Look, Signore, look: I pay drei bottles, drei Schnäps, I drink drei Schnäps yesterday, but I pay not one other Schnaps, because in one bottle war kein Schnaps but Bier!
Doris: Drei Schnäpse warn OK, but in de viert Bottle was Bier!
Rezeptionist: Mi dispiace, ma non capisco. Nehme vier Flasche aus Minibar, musse bezahle vier Flasche aus Minibar. Dove è il problema?
Doris: Ach Gott, Alfred, lass es, ich bezahls!
Alfred: Look, Signore, des hat aaner ausgedauscht, die Flüssischkeit, it stands "Whiskey" druff, but it is Bier in the bottle. Look, you can see, there is Schaum druff.
Doris: Oh Alfred, mir sollte vielleicht doch emool so en Englischkurs mache an de VHS, zum Ufffrische.
Rezeptionist: You opened the bottle, musse auch bezahle.
Alfred: It was not Whiskey drin, it was Bier. It's an old trick. It's an old trick, someone drinks the whiskey and fills it with Bier uff.
Rezeptionist: Yes, everbody can say that. No, no, no, musse bezahle!
Doris: Oh Alfred, bezahl's halt, der kapiert's doch eh net.
Alfred: Ich fass es net, ich bezahl doch kaan Whiskey, wo gar kaaner war! Guck doch ma da nei in die Flasch, da waaßte net, if it's Urin oder Bier, jedenfalls war des kaan Whiskey. Look doch emool, there is Schaum druff! Whiskey looks another aus!
Rezeptionist: Si si si, but musse bezahle anyway. I'm sorry. You opened the bottle, musse bezahle!
Doris: Was kost'n die bottle? Cuanto cuesta la Botellja?
Alfred: Mir bezahle überhaupt nix! Wahrscheinlich hat der selwer die Flasch widder uffgefüllt. So kann mer sei Gäst aach abzocke. You self filled the bottle uff, oder?
Doris: Alfred, ich bezahl des jetz unn mir gehn.
Alfred: Unn doodefer fahr ich denne ihr dreckische Mautauto-

bahne nabb! Your dirty Maut-car-trains!
Doris: Kerle, ich bezahl des jetz, reesch dich net so uff, so e Fläschje kost doch nur, äh, wieviel kost des, Mister, what costs this bottle of Whiskey?
Alfred: Des war kaan Whiskey, doo war Bier drin, with Schaum druff! Des is doch alles Verarschung! Unn du werfst denne noch freiwillig unser Geld in de Rache. She's so bleed and werfs you our money in the mouth!
Rezeptionist: Flasche Whiskey, ah, musse bezahle fumpf Euro.
Alfred: Fünf Euro, und there was net emool Whiskey drin!
Doris: Komm, mir gehn jetz. So macht mer halt soi Erfahrunge.
Rezeptionist: Tutto sommato, vier Whiskey, mache zwanzig Euro.
Doris: Ich bezahl's jetz, dass Ruh is ... Mir könne ja froh sein, dass de net aach noch die Champagnerflasche uffgemacht hast. Arrivederci!
Rezeptionist: Arrivederci, signora, grazie, komme Sie gut nach Hause!
Alfred: *(im Hinausgehen)* ... Wart na, wann der mir noch ma übern Weesch lääft! Dann is die Wutz im Goarde! Have you heared, Signore?! Then is the pig in the garden!!

Schwanenbiss in Peenemünde

Notburga hängt auf dem Balkon Wäsche auf. Schräg unter ihr beschneidet ihre Nachbarin Ursel einen struppigen Busch. Als sich die beiden Damen sehen, beginnt eine lautstarke Kommunikation.

Ursel: Huhu! Notburga! Seid ihr widder doo?
Notburga: Ei Ursel, ja, gestern simmer zurückkomme!
Ursel: Biste am Wäsch Uffhänge?
Notburga: Aja, ich hab schon die dritt Maschiin an!
Ursel: Aja, es geht wieder weiter, nä!
Notburga: Ja!
Ursel: Was will mer mache!
Notburga: Was will mer mache!
Ursel: Unn, war's schee?
Notburga: Ja, schee, oh was ham mir gut gesse!
Ursel: Unn Wetter?
Notburga: Ja wunderbar!
Ursel: Siehste! Wo wart ihr? Korfu?
Notburga: Kreta! Oh was ham die gutes Esse doo unne.
Ursel: Kreta warn mer aach emool!
Notburga: In Heraklion hammer gestern vorm Abfluuch noch so en gute Meeresfrüchteteller gesse!
Ursel: Ja, Kreta war ich 1994 mim Manfred unn de Kinner, des waaß ich noch, da is de Manfred in den Seeigel gadabbt, unn de Kilian hatt die schwere Mittelohrentzündung.
Notburga: Wobei de beste Meeresfrüchteteller war 1995 in Lanzarote.
Ursel: Ah, ja, Lanzarote is wunderbar, da hab ich aach nur gute Erinnerunge dran.
Notburga: Ich erinner mich net, dass ich seitdem nochma so en gute Meeresfrüchteteller gesse hätt wie in Lanzarote. Da kommt der von Heraklion gestern net mit.
Ursel: Da warn mer 1997 über Weihnachte. Da is doch der wunderbare Kaktusgarte, kennste den? Wo die ganze Kaktusse

wachse. Da hat de Manfred dann den schlimme Husteanfall krieht, der hat monatelang gehustet. De Lungefacharzt hat gesacht, er hätt damals wahrscheinlich en mikroskopisch kleine Kaktusstachel eingeatmet, kannste nix mache, der hat ja heut noch so en schreckliche Reizhuste!

Notburga: Kaktuseis hammer aach ma so e Gutes gesses, beim Mövenpick in Lissabon!

Ursel: Die Möwenattacke, des war aach en scheene Urlaub, da warn mer in Schottland ...

Notburga: In Schottland hammer die beste Fish and Chips gesse, wo ich je gesse hab.

Ursel: Mir warn owwe uff de Isle of Skye unn ham aach Fish and Chips gesse, unn die Möwe warn so aggressiv, die ham em Manfred de Pappteller grad so aus de Hand gehackt. Aber mir warn dann bei em oich nette Dokter in Glasgow, er hatt ja letztlich e schwere Blutvergiftung, wer waaß, wo die vorher hiigehackt hatte mit ihrne Schnäwwel! Aber de Hoteldokter in Andalusien war eischentlich de Netteste bislang.

Notburga: Oh, in Granada, da hammer so en gute Mandarinekuche gesse!

Ursel: Da hatt ich mir doch de Fußzeh gebroche, wie ich in derre unbeleuchtete Tropfsteinhöhle gesterzt bin, unn beide Kinner hatte gleichzeitisch en Maache-Darm-Infekt.

Notburga: Aber de beste Kuche überhaupt hatte mer in Stockholm!

Ursel: Schweden, traumhaft, da hatte mer ma e Hütte gemietet uff de Schären, 2002 war des, da war de Kilian noch in de Schul, des werd ich aach nie vergesse, da ham se de Manfred dann mim ADAC-Hubschrauber zurückgeflooche, weil er doch so schlimme Fieberkrämpf hatt. Die Leah hatt aach emool en Fieberkrampf, aber des war 2006 uff Sardinien, da isse am Fluuchhafe ohnmächtig umgefalle, unn dann warn mer noch drei Taach in Frankfurt in de Flughafenklinik, unn neewer ihr im Zimmer war en Scheich aus Dubbai, der hat sich da am Herz operiern lasse.

Notburga: Dubbai war aach einmalisch, was ham mir da letzt Jahr

so en gute Thunfisch gesse!
Ursel: Dubbai, naa, zu denne Scheichs zieht mich gar nix nabb! Mir langt aach de Bayerische Wald. Da warn mir ja letzte Sommer zum Wandern, da is de Manfred von so em komische Käfer in de Rücke gebisse worn, der hatt e Beule so groß wie e Gänse-Ei. Aber es hat gut gebasst, weil ich hatt mir am gleiche Tag beim Tischtennis de Arm ausgekugelt, unn die Leah hatt e akute Bindehautentzündung, da simmer dann all zamme nach Regensburg in die Uniklinik komme, unn da warn aach sehr nette Doktern!
Notburga: Regensburg, da hab ich die gute Windbeutel gesse! Wobei die Windbeutel neulich in de Rhön fast noch besser warn, da ham mir aach so en gute Lammbrate gesse, vom Rhönschaf.
Ursel: Wie de Kilian vom Schaf gebisse worn is, des war 1994 uff Juist. Unn des Jahr druff in Ungarn uff dem Reiterhof is er vom Pferd in die Schulter gebisse worn. Unn des mim Schwan war 1996 uff Usedom bei dem Raketenmuseum in Peenemünde, da hatten en Schwan in de Unterarm gebisse.
Notburga: Warum isst mern bei uns eischentlich kaan Schwan? In Peking ham mir so en gute Schwan gesse ...
Ursel: Im Nachhinein muss mer ja froh sein, was alles Schlimmes im Urlaub bassiert is. Sonst könnt mer sich heut an gar nix mehr erinnern!

Der Leuchtturm

Das Ehepaar Alfred und Doris ist für ein paar Tage an die Nordsee gefahren. In einem an der Uferpromenade gelegenen Andenkenladen stöbert Doris ohne besonderes Ziel. Ihr Gatte hat zur Überbrückung der Wartezeit schon zum neunzehnten Mal den drehbaren Postkartenständer in Schwung gesetzt.

Doris: *(hält Alfred einen 40 cm hohen Leuchtturm entgegen)* Guck ma! Sowas könnt mer doch mitnemme, für daheim. Der is doch schön!
Alfred: En Leuchtturm?
Doris: Soll ich den mitnemme?
Alfred: Aja.
Doris: Was heißt aja?
Alfred: Aja, der steht dann halt rum.
Doris: Der steht dann halt rum?
Alfred: Oder was haste demit vor?
Doris: Den würd ich uff die Kommode im Wohnzimmer stelle.
Alfred: Aja. Da steht der dann rum.
Doris: Also ich find den schön.
Alfred: Ich saach ja nix, ich saach ja nur: Der steht dann halt rum.
Doris: Ja aber schön isser, oder?
Alfred: Was will mer dann demit, der steht halt rum.
Doris: Aja freilich muss der irschendwo stehn. Was willsten aach sonst mit em Leuchtturm mache?
Alfred: Nix.
Doris: Siehste.
Alfred: Mer könnt en höchstens in e Schublade leesche.
Doris: Da brauch ich doch kaan Leuchtturm kaufe, wenn ich en dann deheim in e Schublade leesch.
Alfred: Fer was brauchst du überhaupt en Leuchtturm?
Doris: Aja, des is doch e schöne Erinnerung.
Alfred: An was?
Doris: An unsern Urlaub an de Nordsee.

Alfred: Aja.
Doris: Des is doch schön! Da sieht mer dann den Leuchtturm unn erinnert sich annen Urlaub.
Alfred: Ich brauch doch kaan Leuchtturm, dass ich mich ... ach, is ja worscht. Vielleicht will ich mich ja gar net erinnern!
Doris: Wieso net? Des war doch en schöne Urlaub bisher!
Alfred: Wer waaß, was noch bassiert.
Doris: Ach jetz hör aber uff!
Alfred: Em Hans-Werner Brockelmann is am letzte Daach in Südtirol es Baa uffgeplatzt.
Doris: Also uns werd jetz net grad moije am letzte Daach es Baa uffplatze.
Alfred: Da will mer sich doch net dran erinnern!
Doris: Was soll ich en jetz mache?
Alfred: Aja nemm en halt mit!
Doris: Guck, der is doch schön!
Alfred: Der steht dann halt rum.
Doris: Der steht dann halt rum. Aber schön isser!
Alfred: Ich saach ja nix, ich saach ja nur.
Verkäuferin: *(ruft ihnen von der Kasse aus zu)* Kann ich Ihnen weiterhelfen?
Doris: Naa naa ...
Verkäuferin: Der Leuchtturm und alles andere von dem Regal da ist übrigens um 50 Prozent reduziert.
Doris: Werklisch? Stimmt, da hängt ja e Schild: „Restpostenrabatt".
Verkäuferin: Das sind alles sehr schöne Sachen, qualitativ einwandfrei. Aber stehen eben alle schon länger bei uns rum ...

Nadine macht die Hidschra

Die 16-jährige Nadine ist im Wohnzimmer in einen gellenden Streit mit ihrer Mutter wegen einer nicht erlaubten Oberarmtätowierung vertieft. Die Argumentationslinie der Tochter wird immer drastischer.

Nadine: Ey wenn ihr mir weiter des Tattoo verbietet, mach ich die Hidschra!
Mutter: Was machst du??
Nadine: Ich geh in Irak, wie die Jeanette!
Mutter: Was für Jeanette?!
Nadine: Aus meiner Parallelklasse!
Mutter: Die im Fernsehn war?
Nadine: Ja!
Mutter: Des war doch net im Irak! Des warn doch lauter Schwarze um die rum!
Nadine: Mann, des war was ganz anderes, des war letztes Jahr, da war sie in Tansania bei den strengsten Eltern der Welt, des hat aber auch nix geholfen, unn jetz hat se die Hidschra gemacht!
Mutter: Was soll des sein??
Nadine: Des is, wenn mer zum Islam auswandert! Ich mein, wenn mer zum IS übertritt!
Mutter: Wie bitte, die is beim IS? Widder mim RTL?
Nadine: Nee, in echt! Und des mach ich auch bald, wenn ihr mir weiter des Tattoo verbietet! Hier, bitte, die Jeanette, guck in Facebook, wenn du mir net glaubst! *(Sie hält der Mutter ihr iPhone unter die Nase.)*
Mutter: „Safiyya"??
Nadine: Ja so heißt die Jeanette halt jetz, keine Ahnung, die ham sie halt irgendwie umbenannt oder so!
Mutter: Ja mer erkennt ja nix! Die is ja verschleiert, des könnt jeder sein.
Nadine: Ey des is die Jeanette!
Vater: *(kommt herein)* Was issen hier für Gekrisch?! Kann mer in

dem Haus net e einzisches Mal in Ruh ...
Nadine: Die Mama erlaubt mir des Tattoo net!
Mutter: Unn jetz will se sich deswegen em IS anschließe!
Vater: Als fort!
Nadine: Ey ich mein des ernst!
Vater: Fäzz!
Nadine: Der Freund von der Nadine is schon letztes Jahr Salafist oder so geworden! Der is jetz in so nem Ausbildungscamp in Pakistan!
Mutter: Himmelherrgott!
Vater: Da hat er wenigstens e Ausbildung! Im Geeschesatz zu dir! Nix lerne in de Schul, aber sich von owwe bis unne volltätowiern lasse wolle!
Nadine: Ich bin weg und dann steht ihr da und guckt, des machen viele so! Und ihr erkennt die Anzeichen gar nich, ich bin schon voll abgedriftet, des fragt euch dann die Polizei, warum ihr des nich gemerkt habt!
Mutter: Ich werd wahnsinnig!
Nadine: Ich will, dass ihr mir des Tattoo erlaubt!
Vater: Beim IS darfste aach net tätowiert sein, da werste dich umgucke!
Nadine: Darf ich wohl, da bin ich nämlich voll verschleiert unn so, da sieht mer des doch gar nich!
Vater: Wo willsten des Tattoo?
Nadine: Am Arm!
Mutter: Der werd gleich abgehackt.
Vater: Was willsten da druff ham, Sure 9 oder was?!
Nadine: Hä, was issen ne Sure??
Mutter: Geh na nabb zu denne Kerle, da is nix mehr mit Schminke unn Party unn Komasaufe!
Nadine: Des is mir egal, ich vertrag eh keinen Alkohol, ich hab ne Alkoholallergie!
Vater: Was?!
Nadine: Ja, voll übel, ich hatt heut morgen voll die grünen Flecken im Gesicht, dabei hatt ich gestern fast nix getrunken, nur vier

Wodka Red Bull unn acht Jägermeister.
Vater: Aha!
Nadine: Was issen jetz mim Tattoo?!
Mutter: Es werd net tätowiert, basta!
Nadine: Dann pack ich meinen Koffer!
Vater: Im Speicher sinn noch acht Quadratmeter Abdeckplane vom Feuerholz, da kannste dir e Burka draus mache!
Nadine: Ihr seid so übelst gemein! *(Sie verlässt laut heulend das Wohnzimmer.)*
Mutter: *(nach kurzem Schweigen)* Was issen, wenn se jetz werklich bein IS geht ... Mer liest doch von so Fälle in de Zeitung ... Denk ma an die zwei Österreicherinne ...
Vater: Als fort.
Mutter: *(überlegt)* Naja, ich glaub net, dass se jetz gleich doo nabb mecht.
Vater: Warum net?
Mutter: Ich war doch heut mit ihr beim dm, da hat se sich fünf neue Nagellackfläschje kaaft, ich denk, die will se erstma ausprobiern. Also hammer noch e bissche Zeit, uff se einzuwirke ...
Vater: Aja dann ... Was kommten im Fernsehn?
Mutter: *(schlägt seufzend eine Fernsehzeitschrift auf)* ZDF Montagskino ... „Der geköpfte Hahn".
Vater: Klingt doch gut.

Der Alpensee

Ein vollbesetzter Reisebus aus dem Rhein-Main-Gebiet durchquert die Alpen. Der Busfahrer sagt ab und an Wissenswertes zu den vorbeiziehenden Bergen, Landstrichen und Seen über das Busmikrofon durch, welches aber einen Wackelkontakt hat und zudem zu leise eingestellt ist.

Frau: *(am Gang)* Was hat der gesagt?
Mann: *(am Fenster)* Ich versteh kein Wort.
Frau: Was is des fürn See?
Mann: Hm?
Frau: Der See, wo da jetz links is, da hat der doch grad gesagt, mit dem See wär irgendwas.

Auf der linken Seite erstreckt sich ein großer See.

Busfahrer: ... hat also für große Aufmerksamkeit gesorgt ... War im Jahr ... in allen Zeitungen, und man erzählt sich heute noch, dass ... Eingang in die alpenländische Sagenwelt gehalten hat ...
Frau: Mer versteht kein Wort, mach halt ma en Foto!

Ihr Mann zückt die Digitalkamera und versucht, aus dem fahrenden Bus heraus den See zu fotografieren.

Frau: Jetz drück doch!
Mann: Ja.
Frau: Gleich simmer vorbei, jetz drück halt druff!
Mann: Ich muss warten, da sinn immer die blöden Bäume davor.

Auf dem Bildschirm der Digitalkamera rauscht Uferbewuchs vorbei.

Frau: Jetzt! Da kommt e Lücke! *(Sie deutet mit dem Finger auf eine nahende Stelle, an der die Sicht auf den See frei ist.)*
Mann: So, jetz!

Frau: Hasten druff?
Mann: *(sieht aufs Display)* Jetz hab ich dein Finger druff, weil du da als rumfuchtelst.
Frau: Ich wollt dir nur die Lücke zeische, du brauchst doch immer so lang, bis du was merkst.
Busfahrer: Bischof gesegnet ... weil an freien Uferstellen ... Sensation zur damaligen Zeit ... ältesten Dorfbewohnern ... bis in 80 Meter Tiefe ... immer noch wie neu.
Frau: Also des schreib ich in de Bewertungsbooche, dass mer kein Wort verstanne hat! Ich bezahl doch kaa 800 Euro unn dann isses Busmikrofon kaputt!
Mann: Die blöden Bäume, wenn die mal aufhörn würden!
Frau: Jetz knips, de See is bald fertisch!
Busfahrer: ... sein Geheimnis in den Tod genommen ... nur an wenigen Tagen im Jahr ... noch heute sichtbar ... äußerst mysteriös geblieben.
Frau: Jetz knips!
Mann: Es geht net!
Frau: Jetz mach, de See hört gleich uff!

Der Bus fährt in einen langen Tunnel ein. Der mysteriöse See endet unfotografiert.

Sprachlos in Tallinn

Das Ehepaar Alfred und Doris ist mit einem Kreuzfahrtschiff eine Woche auf der Ostsee unterwegs. Bei einem Landgang erkunden sie auf eigene Faust die estnische Hauptstadt Tallinn. Doris läuft stramm vorneweg durch die kopfsteingepflasterten Gassen der Altstadt, dreht sich aber alle paar Meter um und späht in die Richtung, in der sie den Hafen und somit den Liegeplatz des Schiffes vermutet.

Doris: Guck ma, alles tipptopp renoviert, kann mer nix sagen, ich glaub, es tröppelt, wolle mer widder zurück zum Schiff?
Alfred: Aja.
Doris: Des Bernsteingeschäft, ach wie schee, also Alfred, ich würd sagen, mir gehn zurück zum Schiff. Ich glaab, ich hab schon en Trobbe abkrieht. Guck ma, es liegt so gut wie kein Müll rum, kann mer echt nix sagen. Wo müsse mern hin, sinn mir da her komme?
Alfred: Da vorne links.
Doris: Guck ma, schon widder e Bernsteingeschäft, wer sollen des all kaafe, naja, aber sauber is alles, findst du'n Weesch zurück? Guck ma, der dicke Turm! Also ich würd sagen, mir gehn auf schnellstem Weg zurück zum Schiff, ich muss aach schon widder uffs Klo, findst du'n Weesch?
Alfred: Ja.
Doris: Schon widder e Bernsteingeschäft, guck ma, die schöne Fassade! Wolle mer zurück zum Schiff? Ich glaab werklisch, es reeschent gleich. Ach, was en scheene Brunne! Da könnt mer doch noch e Foto mache, stell dich ma devor, oder naa, ich stell mich devor unn du knipst, ich bin uff kaam einzische Foto druff. *(Alfred macht ein Foto von Doris vor dem Brunnen.)*
Doris: Guck, dass de den dicke Turm im Hinnergrund mit druff hast, wo isn jetz der Hafe, weißt du, wo mir hinmüsse? Guck ma, da sinn drei Bernsteingeschäfte neewernanner, wer sollen des all kaafe, naja, aber tipptopp gepfleescht alles, gar kein Müll, denk ma an Tanger. Also ich würd sagen, mir gehn jetz flotten Schrittes

zurück zum Schiff, siehst du irschendwo e Klo?
Alfred: Naa.
Doris: Guck ma, der Giebel, alles tipptopp renoviert, also Tallinn, kann mer echt nix sagen, schon widder e Bernsteingeschäft. Wenn mir Glück ham, sinn mir am Schiff, bevor´s losgeht, guck ma, da hinne kemmt´s ganz schwarz, weißt du, wo mir hinmüsse? Guck ma, die Kirche, also werklich schee, oder? Was sachsten du, sag doch ma was!
Alfred: Kann mer nix sagen.
Doris: Sag ich ja!

Ausflug ins Rebellencamp

Ein Mann betritt eine Bäckerei. Dort wechselt ein rot gebrannter Rentner gerade mühelos zwischen Backwarenbestellungen und der Schilderung eines Afrika-Urlaubs hin und her.

Kunde: Noch drei Kümmelweck unn vier Brezel. Des war ein Palast, saach ich dir, sowas hab ich noch net gesehn! En Palast!
Verkäuferin: Hatteter e schönes Zimmer?
Kunde: Zimmer is unnertriebe, des war e eischene Wohnung. Herrlich! Mit Ocean View hatte mer gebucht, mir warn ganz owwe in so em Turm. Mir musste jeden Taach 118 Stufe nabb unn widder nuff. Da bleibste fit! Noch so e Pund Bergsteigerbrot gibste mer grad!
Verkäuferin: Hatte die kaan Uffzuuch?
Kunde: Doch, aber mit de Stromleitunge war was kabutt, da wär irschendwas gekappt worn, hat der an de Rezeption gesacht, aber ich maan, über so was seh ich hinweg, des is halt Afrika, des is halt Afrika! Mer muss sich schon e bissje oilasse uff so e Land, des sinn ja ganz annern Standards als wie bei uns. Noch so e Ciabatta!
Verkäuferin: Wenn de zwei nimmst, kriegste noch e drittes dezu, des is im Angebot.
Kunde: Aja, als nei demit, als nei. Mir sinn immer e halb Stund zum Frühstück gelaafe, so riesisch war die Anlaache. Habter noch was im Angebot heut?
Verkäuferin: De Dinkelschweif für 1,90 Euro, unn die Spessartkruste.
Kunde: Da nemm ich en Dinkelschweif.
Verkäuferin: Hatteter schee Wetter?
Kunde: 30 Grad, jeden Tag 30 Grad, e Temperaturkurve wie mim Lineal gezooche! Herrlich! Des is halt Afrika! Des is aach e ganz anner Luft als wie bei uns.
Verkäuferin: Du bist aach ganz braun worn.
Kunde: Mer konnt halt e Woch lang net aus de Anlaache naus, weesche de Anschlääsch.

Verkäuferin: Oh Jesses!

Kunde: Safari konnte mer aach net mache, da hätte Soldate mitgemusst. Aber ansonsten war's herrlich, mir hatte die Anlaache fast für uns allein!

Verkäuferin: Ach komm.

Kunde: Kaum annern Gäste, unn von denne, wo da warn, sinn die meiste gleich widder abgereist, da warn als Warnunge, weesche de Anschlääch, aber ich mein: Mir ham nix devon gemerkt! Noch e Pund Bauernbrot geb mer bitte. Es hat halt alsemool gebumpt, so in de Ferne, da hat die Magda gesacht, des könnt von de Anschlääch sein, aber: Gesehe hat mer nix.

Verkäuferin: Da hätt ich aber schon Angst krieht.

Kunde: Des is halt Afrika! Ach naa, da war e hohe Mauer rund um die Anlaache rum. Am Hotelstrand war aach en Zaun, der is 100 Meter bis ins Meer neigange, dass kaaner rüwwermecht. Die Wertsache hatte mer eh all in de Tresor. Ärgerlich war halt des mit de Safari, da hätte Soldate mitgemusst, unn die Jeeps warn all im Einsatz, die sinn irschendwie abgezooche worn vom Militär, weesche de Unruhe. Was waaß ich, was die Kerle doo gemacht ham. Naja, mir warn halt die ganz Zeit am Strand geleesche, war aach schee. Aber, ich saach dir aans, so ganz unner uns: im Prinzip, für's Meer alleins brauch ich net doo nabb, da kann ich aach in die Dommrepp!

Verkäuferin: Derf's sonst noch was sei?

Kunde: Drei Stück Nusskuche noch, aber liegend, sonst kippt mer im Auto widder alles um. Ja, ich will ja nix saache, aber mer will ja aach was sehe vom Land, wenn mer extra doo nabb fliescht. Mir ham kaa einzisches Tier gesehn, mir konnte ja net aus de Anlaache naus. Mir ham dann ma e Bootstour gemacht uffs Meer. Des war mit so Einheimische, so ehemalische Pirate, des muss mer ja aach unnerstütze, wenn die sich beruflich verännern. Unn bei uns im Frühstücksraum, da war e australisches Ehepaar, die ham so e dreitägiges „Adventure Package" gebucht mit denne Kerle, des hammer aber net gemacht, des hätt 400 Euro gekost. Die spinne doch! Da krieg ich en Monat Türkei defür! 400 Euro „Adventure Package",

Ausflug in e Rebellencamp inklusive Entführung und dreitägige Geiselnahme. Also nur so als ob, weißte. Des war uns zu teuer, außerdem hatte mer Halbpension gebucht, da hätte mer sechsmal es Esse verpasst. Noch vier Sesamweck. Die hammer dann leider net mehr gesehn, die Australier, die wollt ich noch fraache, wie's war. Die sinn irschendwie gar net mehr zurückkomme. Naja, ich will hier de Betrieb net länger uffhalte. Also, korz zusammegefasst: Es war herrlich, aber nur fer's Meer brauch ich net mehr doo nabb!

Der Herr bezahlt und verlässt die Bäckerei. Der hinter ihm wartende Kunde kauft eine Zeitung und einen Kaffee und setzt sich an einen Bistrotisch neben der Theke. „Australisches Pärchen immer noch in Rebellenhand" liest der Mann als Überschrift einer kleinen Meldung auf der vierten Seite. Mit einem Schaudern blättert er rasch um.

Unter einer anderen Sonne

Alfred und Doris sind mit einem Kreuzfahrtschiff auf der Ostsee unterwegs. An einem Seetag entspannen sich die beiden an Deck in Liegestühlen mit Blick aufs Meer. Direkt neben sie tritt nach einiger Zeit ein Ehepaar: Die Frau platziert ihren bärtigen, untersetzten und mit einer beigen Goretex-Windstopper-Jacke bekleideten Mann an der Reling, um ein Foto von ihm zu machen.

Frau: Störn wir Sie? I wollt bloß kurz a Foto machen.
Doris: Naa naa, des geht schon.
Frau: So, Ludwig, schau amal her. So, jetz, lächeln. *(Sie fotografiert.)* Naa, des war nix. Noch amal. So, jetz schau amal freundlich und zufrieden, dass die Ilse sickt, wie schön dass es war. *(Sie fotografiert.)* Naa, des war wieder nix. Ludwig, i weiß auch ned, wie du immer schaust. Jetz schau halt amal freundlich. *(Sie fotografiert.)* Naa, des geht ned, des kann i glei wieder löschen.
Mann: I kann ned so lang in die Sonn schaun.
Frau: Jetz reiß di zamm, komm, bitte, lächeln. *(Sie fotografiert.)* Naa, ned so verkrampft, Ludwig, bitte, schau amal ganz entspannt. *(Sie fotografiert.)* Ned lachen, lass den Mund zu, sonst ... Komm, noch amal. *(Sie fotografiert.)* Naa, jetz schaust so müd aus, ganz schlaff und grau bist im Gesicht.
Mann: Ned lachen, hast gesagt.
Frau: Ja weil mit offnem Mund, da hast noch verkrampfter ausgschaut, als hättst grad en Genickschlag kriegt. Entschuldigung, wir sind gleich weg, er is so verkrampft.
Doris: Kaa Problem, lasse Se sich Zeit.
Frau: So, noch amal. *(Sie fotografiert.)* Jetzt hast die Augen zu. Der Mund wär jetz gangen, aber jetz hast die Augen zu. Mund bitte noch amal so wie eben, und Augen offen.
Mann: I kann ned so lang in die Sonn schaun.
Frau: Mund zu und Augen auf, bitte, ned umgekehrt, jetz schau amal ganz natürlich und entspannt, dass mer sickt, dassd im Urlaub bist. *(Sie fotografiert.)* Naa, schlimm, ganz grauslig, des

kann i glei wieder löschen. Mach mer morgen noch an Versuch, Ludwig, vielleicht bist bis dahin entspannter. *(Sie verschwinden.)*

Doris: Soll ich von dir aach ma e Foddo mache?

Alfred: Naa.

Doris: Die hat den ganz schee rumkommandiert, hastes gehört? Da kannst du ja noch froh sein!

Alfred: Wieso?

Doris: Dass ich dich net so schikanier. Zumindest net in de Öffentlichkeit.

Alfred: Ja.

Doris: Da siehste ma.

Alfred: Was?

Doris: Es gibt schlimmern Fraue als mich.

Alfred: Ja.

Doris: Oder?

Alfred: Ja.

Doris: Da, nemm die Sonnecreme, wie oft soll ich dir noch saache, dass de dich einschmiern sollst, des is e ganz anner Sonn uffem Meer als wie bei uns!

Alfred: Des is dieselb Sonn.

Doris: Des is e ganz anner Sonn. Verbrenn halt, wenn de´s besser waaßt.

Das Gespräch versiegt. Alfred cremt sein Gesicht ein. Dann schauen beide auf das von „einer ganz anderen Sonne" beschienene Meer und sehen dabei sogar recht natürlich und entspannt aus.

Auf der Autobahn

Vater, Mutter und achtjähriges Kind fahren auf der Autobahn zum Verwandtenbesuch nach Hamburg. Zwischen Kassel und Göttingen findet folgendes Gespräch statt.

Vater: Gibst du mir noch so en Fruchtriegel?
Mutter: Ja, wart, ich mach´n auf, du sollst die Händ am Steuer lasse.
Vater: Die schmecke gut. Wo hast´n die her?
Mutter: Vom dm.
Vater: Wann warst´n du beim dm?
Kind: *(ruft aufgeregt von hinten)* Mama, Mama!
Mutter: Gestern, aber net bei unserm dm, beim dm in Hösbach.
Vater: Wo is´n in Hösbach en dm?
Kind: Mama, guck ma, des Auto vor uns!
Mutter: Überm Lidl.
Vater: Wie, überm Lidl? Wo isn in Hösbach en Lidl?
Mutter: Unterm dm, geeschenüwwer von der Shell.
Vater: Die Shell beim Globus?
Mutter: Ich weiß net, wo de Globus is.
Kind: Papa, Mama, hallo!
Vater: Is da net auch en Aldi?
Mutter: Wo?
Vater: Bei der Shell.
Mutter: Der Aldi is ganz woannerst, da is weit unn breit kein Aldi.
Kind: Mama, Mama, Mama, Mama!
Vater: Schatz, Papa und Mama unterhalten sich gerade.
Mutter: Neben dem dm is auch en Takko und en NKD, und untendrunter im selben Haus is der Lidl.
Vater: Und wo is die Shell?
Mutter: Geeschenüwwer.
Vater: Unn da is kein Aldi?
Mutter: Naa, du meinst bestimmt den Aldi in Goldbach, neewerm Aldi in Goldbach is en dm, aber den mein ich ja net.

Vater: Wo isn in Goldbach en Aldi? Beim Lidl?
Mutter: Naa, geeschenüwwer vom Rewe. Der Lidl is beim Getränke-Toom. Da is auch en Edeka.
Vater: Wo?
Mutter: Neewerm Aldi in Goldbach.
Vater: Aber jetz weiß ich immer noch net, wo in Hösbach de dm is.
Kind: Mama, Mama, Mama, Mama, Mama!
Mutter: Ja was ist denn?!
Kind: Vor uns des Auto, guckt ma! Wir fahrn doch nach Hamburg, oder?
Vater: Ja?
Kind: Des Auto vor uns hat aufm Nummerschild „M"!
Mutter: Ja ...?
Kind: Des is doch München, oder?
Vater: Ja und?!
Kind: München! Aber hier is doch die Autobahn nach Hamburg! Der is komplett in die falsche Richtung unterwegs und merkt's nich! Der Arme! Ihr müsst den irgendwie warnen!
Vater: Wenn du die Shell an der Autobahnauffahrt meinst, isses die beim Globus.
Kind: Der Arme, der fährt komplett in die falsche Richtung!
Mutter: De Penny unn de Fressnapf sinn da auch.
Vater: Aber kein Aldi?
Mutter: Nee. Der is in Goldbach, da is aber auch ne Shell an der Autobahnauffahrt, net dass du des jetz verwechselst.
Vater: Und wo is jetz der dm, geeschenüwwer vom Globus?
Mutter: Überm Lidl, neewerm Takko unn NKD.

Die Eltern unterhalten sich weiter über Drogerie-Markt-Standorte, während das Kind das Schicksal des ahnungslosen Münchners bedauert, der unbeirrt seine Fahrt in die falsche Richtung fortsetzt.

Achsenbruch am Matterhorn

Alfred und Doris sitzen des Abends auf dem Sofa. Doris blättert in einer Wohnzeitschrift, Alfred erörtert seine Bedenken und Abwägungen hinsichtlich eines geplanten Autokaufs.

Alfred: Unn de Werner sacht Kia. Aber de Kia vom Werner, des is kaa Auto, des is e Husteguutzje. E bissje größer muss es schon sei. Vielleicht en Golf Kombi. Aber im Prinzip brauch ich kaan Kofferraum. Außer wenn mer ma was transportiern muss. Aber wann muss mer'n ma was transportiern? Nie. Außer mer is ma beim Ikea. Aber wann is mer'n ma beim Ikea? Also ich brauch im Prinzip kaan Kofferraum. Mer meint immer nur, dass mer en Kofferraum bräucht.
Doris: *(blättert weiter)* Hm.
Alfred: Es muss mei Fahrrad nei, wenn mer in Urlaub fährt. Aber des kann genau so gut uffs Dach. Oder hinnedran. Da gibt's so Gestelle zum fer hinne ans Auto Montiern, da haste net des Gewackel uffem Dach. Unn dir geht's net wie em Franz-Holger Bonfig. Hatt ich des erzählt, was dem passiert is?
Doris: Ja.
Alfred: Der is nach em Urlaub in sei Garaasch gefahrn ...
Doris: Ich weiß.
Alfred: ... mit schee viel Schwung, hat aber net dran gedacht, dass uffem Autodach drei Rennräder sinn. Sechstausend Euro Schaden. So is des.
Doris: Ja.
Alfred: Ich könnt mir aach en Polo kaafe. Ich hab doodemit kaa Problem. Annern Männer hätte doodemit e Problem. Ich brauch kaa groß Auto. Skoda, warum net. Der Fabia is ja im Prinzip en Polo. Schön sinn die net, aber egal. Unn warum net Dacia?
Doris: Hm?
Alfred: Vom Motor unn Getriebe her wär ich bei de Franzose halt vorsichtig. Em Hans is beim Peugeot uff de Autobahn in Spanien de Benzinschlauch explodiert. Aber mein alte Mercedes, bei dem is

ja aach bei hunnertdreißisch de Motor ausgange. Es kann immer was soi. Guck, de Heribert: Fuchzehn Jahr lang hat er mir von seim Opel vorgeschwärmt, unn dann: Achsenbruch am Matterhorn!
Doris: Ja.
Alfred: Volvo is halt teuer. Unn find du ma e Volvowerkstatt, wenn du im Urlaub bist. De Anton hatt en Getriebeschade in Marseilles, da hat die Anzeige geblinkt, dass er sofort zum nächste Vertragshändler müsst. Find du ma in Frankreich e Volvowerkstatt. In ganz Frankreich gibt's kaa Volvowerkstatt. Aber wann fahrn mir ma nach Frankreich? Mit em Volvo müsst mer halt am beste nach Schweden in Urlaub. Aber ich fahr ja net extra nach Schweden, nur weil ich da e Volvo-Werkstatt hab. Es is ja net gesagt, dass es Auto überhaupt kabutt geht. Unn dann hätt mer ja aach nach Frankreich fahrn könne. Aber du weißt ja vorm Urlaub net, ob's Auto kabutt geht. Des isses ja.
Doris: Ja.
Alfred: Ich würd gern ma nach Schweden, so isses ja net. Aber ich kauf mir ja kaan Volvo, nur dass ich ma nach Schweden kann. Wenn mer jetz sowieso jed Jahr nach Schweden fahrn würd, wär des e anner Sach, dann könnt mer schon überleesche, dass mer sich liewer en Volvo kääft als zum Beispiel en Dacia. Find du ma in Schweden e Dacia-Werkstatt. Naja, ich muss net unbedingt nach Schweden. Des sinn alles so Sache, wo mer bedenke muss, bevor mer sich e Auto kääft.
Doris: Mhm.
Alfred: Du hörst mir gar net zu.
Doris: Naa.
Alfred: Würdst du gern ma nach Schweden?
Doris: Mir würd's schon lange, wenn ich zweimal im Jahr bein Ikea könnt.
Alfred: Hm ... Sag des doch gleich. Des ännert alles ... Dann brauch ich ja doch en Kofferraum ...

Alle bisherigen Abwägungen sind hinfällig. Alfreds Argumentationskette beginnt von vorne. Doris blättert um.

Unzureichend durchleuchtetes Ehepaar im Supermarkt

Ein älteres Ehepaar vergleicht im Supermarkt gerade die Preise von Instant-Kaffeeprodukten, als eine Bekannte um die Ecke biegt und sie freudig begrüßt.

Bekannte: Ei, die Kreuzfahrer sinn widder doo! Unn, wie war´s?
Mann: Herrlich!
Frau: Ach, schee, so schee!
Bekannte: Unn Wetter, besser wie doo, nä?
Mann: Herrlich!
Frau: Ja, des is halt gleich e ganz anner Klima doo unne!
Bekannte: Ihr seid da nabbgeflooche zum Schiff, gell? Mit was seitern da geflooche? Lufthansa?
Frau: Naa, Germania oder so war des.
Bekannte: Ach, siehste.
Frau: Aja, des Frühstücksbrötche im Fluuchzeug war orsch trocke, aber ansonste alles tipptopp, kann mer nix saache!
Bekannte: Ja schee!
Mann: Äwwer mir sinn überhaupt net richtich dorschleucht worn doo unne, bevor mer uffs Schiff sinn! Des fand ich schon ... Also ich will ja nix saache, äwwer die müsse aan doch richtich dorschleuchte! Die hatte zwar so e Sicherheitsschleuse, aber ich maan net, dass die die Leut richtich dorschleucht hätte!
Frau: Ich hatt extra mein Brezel weggeschmisse, weil im Bord-Infobrief gestanne hat, mer derf nix Essbares mit uffs Schiff nemme, unn dann bin ich gar net dorschsucht worn!
Bekannte: Also sowas, ei, da hättsten ja aach mitnemme unn uffem Schiff fertisch esse könne.
Mann: Sch´ hatt schon die Jack aus! Normal musste doch die Jack ausziehn! Unn dann hat der mich grad so dorschgewunke!
Frau: Ich hatt extra mein Brezel weggeschmisse!
Mann: In Frankfort am Fluuchhafe werste wenigstens noch

ordentlich dorschleucht!
Bekannte: Obwohl's da ja jetz aach gehaaße hat, die deede die Leut net richtich dorschleuchte!
Mann: Aber besser als doo unne, da musst ich ja net emool die Jack ausziehn! In Frankfort, des erste, was de mache musst, du musst die Jack ausziehn, vorher brauchst du gar net ... Unn is ja aach richtich so!
Frau: In Frankfort musst er sogar de Gürtel unn die Schuh ausziehn, unn dann ham se ihn noch in e Einzelkabine abgeführt, weil er immer noch gepiepst hat! Der war kurz vor de Verhaftung!
Mann: Ja, da werste wenigstens noch richtich dorschleucht! Aber doo unne, sch'hatt schon die Jack aus!
Bekannte: Des sinn halt annern Standards bei denne, gell.
Mann: Sch'hatt schon die Jack aus! Winkt der mich grad so dorsch!
Frau: Unn ich hatt extra mein Brezel weggeschmisse!
Bekannte: Da sieht mer ma, nä! Unn sonst warer aber schee, de Urlaub?
Frau: Wunderbar!
Mann: Herrlich! Herrlich!
Bekannte: Aja ... Dann is ja gut!

Loch Ness am Mainparksee

Das Ehepaar Alfred und Doris ist im Auto unterwegs zu Doris´ Schwester Gabi, die sie zum Abendessen eingeladen hat. Doris gibt ihrem Mann mit drohender Stimme Anweisungen zur Gestaltung des Tischgesprächs.

Doris: Und mir erwähne mit keinem Wort Schottland, hastes gehört?!
Alfred: Ich werd mich hüte.
Doris: Wenn mir Glück ham, hat die Gabi vergesse, dass mir überhaupt im Urlaub warn. Bass uff, da is rechts vor links. Wehe, du erzählst der was, des wär widder e gefundenes Fresse für die mit ihrne perfekte Urlaube!
Alfred: Ich erzähl überhaupt nix, ich bin froh, wenn ich an des Debakel net mehr erinnert werd.
Doris: Ich saach ja nix, äwwer im Prinzip war des dei Idee. Ich wär aach lieber nach Sardinien oder uff Rhodos, aber nein, er will die Highlands angucke!
Alfred: Du wolltst unbedingt de Sommersitz von de Queen angucke unn de Golfplatz vom Prinz William unn die ganze bleede Schlösser!
Doris: Ja wenn mer se wenigstens gesehn hätt! Mer hat ja nix gesehn! Ich fahr doch net nach Schottland Schlösser angucke unn seh dann nix! Des hättst du doch wisse müsse, dass da so en Newwel is!
Alfred: Woher hätt ich des wisse müsse?
Doris: Noch net emool es Stadtschloss von Edinbörrö hammer gesehn! Bass uff, der bremst.
Alfred: Des aane Gemäuer hat mer e bissje gesehn, des da am Meer. Wo´s korz zu reeschne uffgehört hat.
Doris: Aber des war net des, wo ich sehe wollt, wo die die scheene Kostümfilme gedreht ham. Des war nur so e bleed anner Ruine.
Alfred: Des war die, wo der schottische Held die ganze Engländer drin verbrennt hat.
Doris: Oh was en schreckliche Urlaub. Nausgeschmisse Geld, mer

derf gar net dran denke. Noch net emool es Loch Ness hammer gesehn, nur de Uferrand e bissje. Des hätt genau so gut de Mainparksee sei könne!
Alfred: Es war halt oich newwelisch.
Doris: Sechs Daach lang! Ich bin mir vorkomme wie in dem Horrorfilm, wo de Mörder immer ausm Newwel kommt.
Alfred: „The Fog – Nebel des Grauens".
Doris: Ja, wo der immer ausm Newwel kommt, mit dem Fleischerhake, mit derre Todeskralle.
Alfred: Jedenfalls erzähle mer de Gabi nix von Schottland.
Doris: Die waaß des net mehr, dass mir überhaupt fort warn, des hatt ich nur ma am Telefon korz erwähnt. Jesses, was en schreckliche Urlaub. Da könnt se widder ufftrumpfe mit ihrne Karibikkreuzfahrte unn Panoramahotels in Graubünden. Bei der is nie Newwel! Bei der is alles immer perfekt. Die hat halt aach en Mann, wo des alles organisiert, der bucht schon im Internet des Candle-Light-Empfangsmenu dezu.
Alfred: Mir nützt kaa Candle-Light im Panoramahotel, wenn ich net nausgucke kann, weil Newwel is!
Doris: Es kann net sein, dass ganz Schottland voller Newwel war. Wärste halt emool e annere Strecke gefahrn! De Gabi ihrn Mann druckt schon Wochen vorher alles im Routenplaner aus, die sinn durch ganz Patagonien gefahrn, ohne einmal nachm Weesch fraache zu müsse! So Zeusch bekomme mir zu hörn, wenn die erfahrn, wie schlimm unsern Urlaub war! Park da an de Einfahrt, ja, hastes Geschenk?
Alfred: Ja. *(Sie steigen aus.)*
Doris: Also, erwähn mit keinem Wort Schottland, hastes gehört? Die hat des eh vergesse. Oh Jesses, da isse schon.
Sie parken vor Gabis Haus und steigen aus. Gabi winkt ihnen schon von der Haustür aus zu.
Gabi: *(ruft)* Huhu! Ei, die Urlauber! Unn, wie war's in Schottland?
Doris: *(schreit nach kurzer Schockstarre zurück)* Wunderbar, wunderbar! En Traum!
Alfred: Absolut sehenswert!

Kapitel 4:

„Ich hatt en Cholesterinschlag! Unn weesche de Tablette is dann mein Blutdruck explodiert!"

Mitteilungen im öffentlichen Raum

Hämmern und essen

In einem Café sitzt ein Herr und liest Zeitung. Einziger weiterer Gast ist eine stumme ältere Dame, die mit zittrigen Fingern eine Tasse Kräutertee trinkt. Die Ruhe wird unterbrochen durch das stürmische Eintreffen einer kräftigen Seniorin, die offenbar mit der Teetrinkerin verabredet ist. Sie wirft krachend ihre Handtasche auf die Sitzbank und hält der Bekannten ihren dick mit Verbandszeug umwickelten Daumen vors Gesicht.

Frau: *(sehr laut)* Da, guck, mein Finger! Des war widder de Walter!
Ältere Dame: *(mit schwächlicher Stimme)* Ach je, ach je ...
Frau: Des hat mer widder devon, der Mann mecht mich verrückt! Verrückt mecht er mich! Irgendwann werf ich'n raus! Jetz will er es Bad selwer renoviern unn war bei irschendem Abverkauf, jetz is die Badtür größer als de Rahme! Runnergesetzt war's auf 200 Euro, aber wenn mer was käuft, dann käuft mer's doch so, dass es passt, unn net so, dass die Tür dann größer is als de Rahme! Da langste dir doch an de Kopp! Ich könnt em grad de Krotze rumdrehe!
Ältere Dame: Unn was is mit deim Daume?
Frau: Mim Hornbachhammer hat er mir druffgehaachc, aus Versehe, hat er gesacht! Mim Hornbachhammer, der is aus Panzerstahl! Ich sollt „nur emool korz" die blöde Leiste halte, „nur emool korz", ach, was reesch ich mich uff! Was reesch ich mich uff! Mir is bald alles egal!
Ältere Dame: Hm.

Sie schweigen. Der Zeitung lesende Herr schöpft Hoffnung, dass der Wutausbruch nun vorüber ist, und vertieft sich in eine Reportage über den Verkauf eines französischen Zementwerks.

Frau: Stattdasser ma's Dach neu decke lasse deed! Wenn die Bauaufsicht kommt, sinn mir dran! Aber naa, stattdessen kauft er en Dampfsaugroboter, so en Schrott! Des zischt unn faucht unn macht Newwel unn verschmiert de Dreck im ganze Haus! Ich

haach´s zum Sperrmüll naus! Genau wie den elektrische Fensterreiniger, die ganze Fenster warn denach grau unn verbabbt! Unn wenn ich´n schon seh, wenn ich´n schon seh, wie er da hockt! Ich kann´s net mehr sehn! Ich mach´s net mehr mit, ich bin jetz 69 Jahr alt, da muss ich doch kaam mehr Rechenschaft ableesche!
Ältere Dame: Ja, aber bei euch war´s ja immer schon so, dass es e bissje schwierisch war, aber ihr habt euch doch immer widder zammegerauft.
Frau: Ach, des hat alles kaan Sinn mehr. Äppelwoi is kaan Alkohol, hat er neulich gesacht. Äppelwoi is kaan Alkohol! Was soll ich´n dadezu saache? Was soll ich´n dadezu saache? Saach mir des emool! Dann wollt er nach Offebach fahrn, zum Schlochter-Karl, hab ich vorbeuschend sein Autoschlüssel versteckt. Des war doch absehbar, dass des widder ausgeartet wär, wenn ich den nach Offebach fahrn lass! Dann krieht der widder de Führerschein abgenomme, unn ich derf ihn im Landkreis rumkutschiern.
Ältere Dame: Die Berna hat mir neulich erzählt, sie hätt net mehr gebeichtet, seit se verheiert is.
Frau: Ich auch net. Was soll ich´n beichte, ich bin e Märtyrerin! Ich bin e Märtyrerin! Was ich alles uff mich nemm! Des hätt mir schon zu denke gewwe müsse, dass er gleich nach de Hochzeit gesacht hat, er will ma nach Hanau zu seine Eltern ins Grab. Unn jetz will er mir noch im hohe Alter e neue Wasserleitung aufzwinge, wo mei ganze Rosestöck am Haus hochgestemmt wern müsse. Dann will er noch parallel e Gartehäusje baue, da kann er sich widder auspowern, unn abends isst er dann vier Schnitzel! Baumarkt unn Esse, des sinn dem sei Hobbies. Nur hämmern unn esse, der wird immer dicker. Ich seh ihn von de Küch aus durch die Milchglastür uffem Sofa hocke, wie e Walross. Neulich Nacht hat´s en Schlag getan, da isser von de Couch gefalle unn hat sei Bier uffs Laminat gekippt. Mir geht's ja net ums Laminat! Obwohl Flüssigkeit net gut is für´s Laminat, unn es war viel Flüssigkeit!
Ältere Dame: Is er noch bei de Feuerwehr?
Frau: Ja, aber die ham aach kaa Verwendung mehr für ihn. Der is so dick, wenn die den hochleiern, bricht die Drehleiter zamme!

Wen willen der rette? Wen willen der rette?
Ältere Dame: Ach je, ach je ...
Frau: Ja, unn jetz saach mir ma, was mer da macht, saach mir ma, was mer da macht! Saach du mir des ma!

Scheidungsanwalt, denkt der Zeitung-lesen-wollende Mann, Scheidungsanwalt, oder weit ausholen mit dem Hornbachhammer. Die beiden Damen schweigen nun dauerhaft. Ob sie ähnliche Gedanken hegen, ist nicht bekannt.

Fest gelacht!
Oder: Rolf Miller in der Mehrzweckhalle

Elvira und Hanni, zwei aufwendig frisierte Damen in geometrisch gemusterten Blusen, stehen nebeneinander am Waschbecken auf der Damentoilette einer Mehrzweckhalle: In der Pause eines vom örtlichen Fußballverein organisierten Kabarett-Abends waschen sie sich die Hände und überprüfen im Spiegel den Sitz ihrer Haare. Andere Frauen kommen und gehen.

Elvira: Unn, Hanni, schee isses, nä!
Hanni: Ja, schee, Elvira, schee isses!
Elvira: Schee!
Hanni: Ja!

Ein Pausengong ertönt.

Elvira: Oh Jesses, gleich geht's weiter.
Hanni: Jaja.
Elvira: So schee, wenn mer ma e bissje lache kann, nä!
Hanni: Aja, unn de Verein hat aach was devon.
Elvira: Unn es is ja aach en renommierte Kabarettist, nä, fer sowas musste normal in die Stadt fahrn!
Hanni: Hast du den schon ma gesehe?
Elvira: Naa, die Frau Baumann hat gesacht, der wär so bekannt.
Die Tür geht auf, und ihre Bekannte Helga eilt herein.
Hanni: Ei Helga!
Helga: Ei, ich wollt noch ma schnell uffen Klo! Es geht ja gleich schon widder weiter, nä!
Elvira: Unn, schee isses, nä? Habter schon fest gelacht?
Helga: Ja ... Noja ...
Elvira: Hm?
Helga: Naa, eischentlich net. *(Sie schließt die Klotür hinter sich zu.)*
Elvira: Ja, aja, ja ...

Hanni: Naja, mir eischentlich aach noch net. Sach emool, wie geht dann des Seifeding? *(Sie drückt am Seifenspender herum.)*
Elvira: Was?
Hanni: Wie hasten du da Seife rauskrieht?
Elvira: Du musst neidrücke.
Hanni: Da kommt nix.
Elvira: Fest neidrücke.
Hanni: Ach so, ich hab gedacht, ich muss den Hebel nausziehe!
Elvira: Naa, neidrücke!
Hanni: Oh, was en Akt!
Die Spülung geht, Helga kommt vom Klo zurück.
Helga: *(aufatmend)* So, ihr zwoo Hübsche, dann gucke mer ma, wie´s weiter geht, nä!
Hanni: Hat´s schon gegongt?
Elvira: Ja, aber´s gongt noch ma, de Manfred macht doch de Gong, er hat gesacht, er gongt zwoomal.
Hanni: Wo habtern Plätz, Helga?
Helga: Hinne am Handballtor.
Elvira: Ach, siehste, mir sinn rechts an de Sprossewand.
Hanni: So, naja, gucke mer ma, wie´s weitergeht, nä.
Elvira: So lustisch war´s aber werklisch noch net, da haste Recht, Helga.
Helga: Ja, nä? Doodefer dass des Kabarett sein soll!
Elvira: Ja, nä?
Hanni: Ja, doodefer ...
Helga: Ich musst noch überhaupt net lache.
Elvira: Ich aach net.
Hanni: Ich aach net.
Helga: Hinner uns sinn Leut, die lache dauernd. Ich waaß gar net, über was.
Hanni: Sach emool, Elvira, des Seifeding, da kommt schon widder nix.
Elvira: Du musst´s neidrücke.
Hanni: Da is nur en Spritzer rauskomme unn dann widder nix.
Elvira: Fester!

Hanni: Ah, ääwe kemmt was! Schaum kemmt.
Elvira: Ja, die ham Schaum.
Helga: Aber warum des Kabarett sein soll ... So en Schwachsinn...
Elvira: Ja, ich will ja nix saache, aber ... Also der hockt doo unn fängt Sätz an unn ... Naja!
Hanni: Die Brigitte unn de Klaus ham aach noch net gelacht. Unn de Klaus lacht sonst immer!
Elvira: Grad der, der lacht sonst immer, über die blödeste Witz.
Helga: Sacht mir ma, über was mer da lache soll bei dem Kerl.
Hanni: Ich waaß es net.
Elvira: Naja, de Verein hat ja was devon.
Helga: Ich waaß überhaupt net, was da lustisch sein soll.
Hanni: Naja, vielleicht werd's im zwodde Teil besser.
Helga: Des glaab ich net. Ich musst net lache. Des soll en Kabarettist soi? Unn hinner uns sinn Leut, die lache dauernd, ich waaß gar net über was.

Es gongt zum zweiten Mal.

Helga: Oh ihr liebe Leut, es geht weiter.
Hanni: De Klaus hat aach net gelacht, unn der lacht sonst immer.
Elvira: Ma gucke, nä. Die Hälft hammer ja gepackt! Mir sehn uns dann denach an de Sektbar!
Helga: Ja, hoffentlich isses bald fertisch, der Mist.
Hanni: Unn des soll Kabarett sei ...
Die Tür geht auf. Ihre Bekannte Helene kommt im Laufschritt herein.
Helga: Ei, Helene.
Helene: Ich muss noch ma schnell uffen Klo, es geht ja gleich weiter! Jesses, was e Hektik!
Elvira: Unn, schee isses, nä?
Helene: Ja, schee, schee!
Hanni: Schee, ja!
Elvira: Unn? Habter schon fest gelacht??

Die Erhebung des Herrn Hock

Herr und Frau Hock, ein älteres Ehepaar, sitzen Anfang Mai im Wartezimmer eines Allgemeinarztes. Frau Hock unterhält sich mit einer jüngeren Bekannten. Außer ihnen befinden sich noch fünf weitere Patienten im Raum, die Zeitschriften lesen.

Frau Hock: Jetz werd´s Frühling.
Bekannte: Da is aach bald widder Waldfest.
Frau Hock: Wo bisten du eischentlich gelasert worn?
Bekannte: Wieso, willste dich aach lasern lasse?
Frau Hock: Naa, ich seh genuch. Was ich sehn muss, seh ich noch.
Bekannte: Ich war in de Aucheklinik, ambulant wollt ich dann doch net. Geht ihr uffs Waldfest?
Frau Hock: Des wird eh widder abgesacht.
Bekannte: Stimmt.
Frau Hock: Immer wenn Waldfest is, reeschent´s, unn dann saache se´s aan Tag vorher widder ab.
Bekannte: Aber zwoomal ham se´s schon abgesacht, weil Reesche gemeld war, unn dann hat´s gar net gereeschent.
Frau Hock: Ja, da sieht mer ma.
Herr Hock zieht während dieses Gesprächs den Reißverschluss seiner bis zum Kinn geschlossenen braunen Strickjacke mühsam um etwa 20 cm nach unten auf. Frau Hock bemerkt sein Tun und zieht ihm den Reißverschluss wieder zu.
Frau Hock: Lässt du die Jack zu!
Herr Hock: Des juckt.
Frau Hock: Wo?
Herr Hock: Am Kinn.
Frau Hock: Am Kinn, so en Quatsch. Lass jetz den Reißverschluss zu!
Bekannte: Des dauert heut aber aach lang.
Frau Hock: Du musst ma gucke, wie er jetz gleich von seim Stuhl uffsteht. *(Sie deutet auf ihren Mann.)* Daheim kommt er kaum ausm Sessel uff, wenn ich was vonnem will. Aber wenn des

Mädsche jetz gleich kommt unn den uffruft, da musste ma gucke, wie schnell der hochkemmt.
Herr Hock öffnet derweil wieder den Reißverschluss bis auf Brusthöhe und atmet ein Mal erleichtert durch. Frau Hock zieht den Reißverschluss wieder zu.
Frau Hock: Siehst du des, ich muss alles ausbade, ich bin sei Krankeschwester. Ich saach, lass de Reißverschluss zu, er mechten uff, ich machen widder zu, er mechten widder uff ...
Herr Hock: Des juckt!
Frau Hock: Des juckt überhaupt net!
Bekannte: Was fer Beerdischung war'n am Mittwoch? Da sinn en Haufe Leut die Hauptstraß nuffgedabbt bein Friedhof, aber wer hatten da so e groß Beerdischung?
Frau Hock: Da müsst ich ma die Marianne fraache, die waaß sowas immer. Am Mittwoch, hm ...
Herr Hock: Ich glaab, da war ...
Frau Hock: Lässt du jetz die Finger weg vom Reißverschluss! Du musst ma gucke, wenn er gleich von dem Mädsche uffgerufe werd, wie schnell er da hochkemmt! Der schnalzt grad so ausm Stuhl raus! Unn dehaam so tun, als wär er halb gelähmt!
Bekannte: En Haufe Leut sinn da nuffgedabbt.
Herr Hock: Da war kaa Beerdischung, die sinn bei die Maibaum-Uffstellung.
Bekannte: Ach so!
Junge Arzthelferin: So, der Herr Hock bitte in Zimmer 2!
Frau Hock: *(leise zischelnd)* Jetz guck, wie er uffsteht. Guck! Guck! Siehstes?

Herr Hock steht auf. Alle Patienten im Wartezimmer beobachten, zum Teil zur Tarnung hinter Zeitschriften versteckt, seinen Bewegungsablauf. Insgesamt erweist sich die Erhebung des Herrn Hock jedoch als enttäuschend unspektakulär – außer wohl man betrachtet sie mit den Augen seiner Ehefrau.

Nicht an seinem Platz

Herr K. sitzt in seiner Küche und telefoniert. Vor ihm liegen mehrere dicke, mit Schriftstücken gefüllte Ordner.

Herr K.: Unn wie war Ihr Name jetz? Ich war uff einmal in de Zentrale, unn die ham gesacht, sie verbinde mich mit em Herr Brink.
Frau Wagner: Wagner, aber wie gesagt, ich mach hier nur ein Praktikum, ich kann Ihnen da keine Auskunft geben. Der Herr Brink ist seit heute in Elternzeit.
Herr K.: Ja unn, ich bräucht halt jetz ma e konkrete Auskunft weesche dem ganze Vorgang. Wie issen da jetz der Stand der Dinge?
Frau Wagner: Ich verbind Sie mal mit der Frau Eisert-Schaller. *(Sie legt auf.)*
Frau Eisert-Schaller: Ja bitte?
Herr K.: Ja guten Tach, ich hatt's de Kollegin schon versucht zu erklärn, es is weesche meim Schreibe vom 29. 8., ob des überhaupt bei Ihne eingange is, wollt ich wisse, weil ...
Frau Eisert-Schaller: Da müssten Sie sich im Prinzip an den Herrn Stenger wenden, aber der ist gerade nicht an seinem Platz. Probieren Sie's in ner Stunde nochmal, der Herr Stenger ist gerade zu Tisch.
Herr K.: Aber unter der Nummer, wo ich jetz angeruffe hab, hatt ich letztens en Kollege von Ihne dran, der hat gesacht, weesche der weiteren Abwicklung von dem ganze Vorgang bräucht ich die Eingangsbestätigung vom Antraachsformular, wobei ich ja schon im Mai en Brief geschickt hatt, aber da is ja nie was zurückkomme. Aber bevor er des net hätt, unn dann hatt er noch irgschend en Fachausdruck gesacht, vorher könnt mer nix mache, unn ich waaß jetz gar net, wann da was entschiede werd. Unn es werd ja net besser, des spitzt sich ja zu, wenn ich Ihne die Situation kurz schildern derft, es is ja so, dass ich vor vier Jahrn ...
Frau Eisert-Schaller: Ich weiß jetzt nicht, wer der Kollege ist, mit dem Sie da gesprochen haben. Ich bin diese Woche im Prinzip auch nur die Aushilfe vom Herrn Bauer. Seine Sekretärin weiß vielleicht

Bescheid, aber die ist noch bis Ende des Monats krankgeschrieben.
Herr K.: Und der Herr Bauer selbst, könnt der mir Auskunft gewwe?
Frau Eisert-Schaller: Der ist gerade nicht an seinem Platz.
Herr K.: Unn wann kommter widder?
Frau Eisert-Schaller: Heute nicht mehr. Aber im Prinzip ist er da auch überhaupt nicht zuständig, der ist normal in einer ganz anderen Abteilung, der ist jetzt nur für kurze Zeit hier als Urlaubsvertretung von der Frau Pohl. Wobei die Frau Pohl die Schwangerschaftsvertretung von der Frau Wondarenko ist.
Herr K.: Aber unter der Nummer, wo ich jetz angeruffe hab, war vor drei Woche jemand anners dran, ich waaß de Name net mehr, aber es war en Mann. Unn der hatt mir gesacht, bevor er des weiterleite könnt unn bevor überhaupt was passiern würd, müsst ich die Eingangsbestätigung ...
Frau Eisert-Schaller: Dann haben Sie bestimmt mit dem Herrn Kellermann gesprochen.
Herr K.: Ja, des war der Name, genau, unn der hatt gesacht, ich soll mich nochmal melde, sobald ...
Frau Eisert-Schaller: Weil die Frau Wondarenko übernimmt ab Dezember die Stelle vom Herrn Kellermann, weil der is seit zwei Wochen im Sabbatical.
Herr K.: Also weesche dem Formular, wo ich bekomme müsst, is des jetz so, dass ...
Frau Eisert-Schaller: Ich weiß nicht, was Sie mit dem Herrn Kellermann besprochen haben. Wenn sich's um individuell vereinbarte Modalitäten bei der Antrags-Eingangsbestätigung handelt, kann Ihnen da im Prinzip auch nur der Herr Kellermann weiterhelfen.
Herr K.: Unn wann kommt der widder?
Frau Eisert-Schaller: Nächstes Jahr im November müsste er wieder an seinem Platz sein.
Herr K.: Unn bis dahin werd nix entschiede?
Frau Eisert-Schaller: Ich denk mal nicht.
Herr K.: Ja dann ... Ruf ich dann nochma an ...

Themenwoche Toleranz

Seit fünf Bieren sitzen Willi und Bernd in ihrer Stammkneipe beisammen. Nach langem Schweigen ergreift Willi mit rauer Stimme das Wort.

Willi: Was war'n da jetz mit der Themenwoche?
Bernd: Hä?
Willi: Hat des jetz was gebracht oder wie?
(Bernd stößt einen grunzenden Laut aus.)
Willi: Die Themenwoche Toleranz. Des war doch im Fernsehn. Hat des jetz was gebracht?
Bernd: Ach des, jaja, des hab ich mitkrieht, ich hab aach mitgemacht.
Willi: Wo hast du mitgemacht?
Bernd: Bei der Themenwoche.
Willi: Warst du tolerant oder was?
Bernd. Ja!
Willi: Du warst tolerant?!
Bernd: Ich war sowas von tolerant, Willi, nur weesche der Themenwoche, sonst bin ich ja net so tolerant.
Willi: Ja Beispiel, konkret, was hasten gemacht?
Bernd: Aja, ich war einkaufe, unn bei de Einkaufswaache hat so en Asjadd gestanne unn wollt mein Euro.
Willi: En Asjadd?
Bernd: Ja.
Willi: Der wollt dein Euro?
Bernd: Aja, ich bring grad mein Waache zurück, unn da steht der unn guckt ganz verzweifelt unn will mein Euro, unn hat fünf 20-Cent-Stücker in de Hand. Unn ich war sowas von tolerant, ich hab gedacht, was soll's, es is Woche der Toleranz, gibstem halt dein Euro unn nimmst die fünf 20-Cent-Stücker, dass er sich en Einkaufswaache hole kann. Des hätt ich normal net gemacht! Wer gibten freiwillisch sein Euro her? Den hatt ich monatelang in de Armzwischenlehne im Auto, dass mern hat, wenn mern brauch.

Willi: Meistens hat mer ja kaan Euro, wenn mern brauch!
Bernd: Jetz hab ich fünf 20-Cent-Stücker, unn de Asjadd hat mein Euro. Der weiß ja net, was mir der Euro bedeutet hat. Des kann der ja gar net einordne! Aber der hat sich so gefreut unn bedankt! Also ich find, ich war echt tolerant. Richtich großherzisch fast schon.
Willi: Ja, find ich aach, Respekt, Bernd.
Bernd: Es is mir net leicht gefalle.
Willi: Des glaub ich. Aber da siehste ma.
Bernd: Was?
Willi: Dass des doch was bringt, so e Themenwoche.
Bernd: Prost.
Willi: Prost.

Man beißt sich wund vor lauter Stress

An den Postschalter-ähnlichen Tisch einer sich in einem Fachgeschäft für Tierorthopädie befindlichen Post-Filiale tritt ein Herr mit mehreren Briefen.

Herr: Guten Tag, ich bräucht zehn Briefmarke. Fern normale Brief.
Post-Bedienstete: Selbstklebend?
Herr: Hm, ja, egal.
Post-Bedienstete: So e Zehnerheftche? Des is die aktuelle Sonderedition vom Raketenmuseum in Peenemünde.
Herr: Aja. Unn dann noch für Postkarte ... *(Die Ladenklingel ertönt. Wie eine Naturgewalt bricht eine grell geschminkte, hektische und laute Frau in die Szenerie ein.)*
Dame: *(außer Atem)* Jesses Maria unn Josef, guter Mann, dürft ich kurz vor? Es is en Notfall, ich hab aach nur e Büchersendung, des geht ganz schnell, ich hab kaa Zeit!
Herr: Aja, wenn Sie nur was abgewwe wolle ...
Dame: Mein Hund sitzt drauße im Auto, der beißt sich wund vor lauter Stress, der hat bald e Peronaeus-Lähmung, ich hab grad im Internet geguckt, mir müsse zum Tierarzt!
Herr: *(befremdet)* Ja, gehn Se halt vor.
Dame: Sie sinn en gute Mann, die Leut sinn ja so egoistisch heutzudaach, also, ich hab hier e Büchersendung, 1 Euro, ich hab´s schon druffgebabbt.
Post-Bedienstete: So, ja ... Des is aber über 500 Gramm.
Dame: Sie müsse dann aach gleich en Stempel uff die Briefmarke mache, gestern war ich in Zellhausen uff de Post, die ham mir gar kaan Stempel druffgemacht, unn dann wunnert mer sich, dass mer oft Post kriegt, wo gar net abgestempelt is, ich mein, mer hat ja was devon, Geld is Geld, aber als des Runnergepuul von de unabgestempelte Briefmarke, ich bin berufstätisch unn hab en Hund, ich kann net de ganze Daach die unabgestempelte Briefmarke von de Umschlääch puule. Aber es bleibt aam ja nix anneres üwwerisch, weil ausschneide unn woannerster druffbabbe

darf mer ja net, da hatt ich neulich so e schee unabgestempelte selbstklebende Briefmarke, 1,45 Euro, hab ich ausgeschnitte unn mit Uhu uff en annern Umschlaach gebabbt, weil ich musst so Gesundheitsunnerlaache vom Hund an mei Bekannte schicke, die wohnt in Großostheim, „Welpengruppe Bachgau-Rabauken", nä, da wollt ich des hiischicke, unn da sacht der uff de Post, es gibt ja kaa Post mehr, des war in so em Elektrogeschäft in Hanau, da sacht der an dem Schalter, die Marke wär schon gelaufen, unn ich dürft kaa gelaufene Briefmarke uff die Umschläähch babbe, da weißte doch net mehr, was de saache sollst!
Post-Bedienstete: Ja, gucke Se ma, des wiegt 588 Gramm. Des wärn dann eins fünfunnsechzisch.
Dame: Eins fünfunnsechzisch, aja, was will mer mache, des is e Weihnachtsgeschenk für moi Schwester, die wohnt in Österreich, unn die wollt ja immer gern so e Mieder, wo de Bauch zammehält. Sie hat ja letztens widder vier Woche Lindefelsdiät gemacht, hat nix genutzt, da musse immer so Flockezeusch esse, ich maan grad, sie wär von dem Flockezeusch noch mehr uffgequolle.
Post-Bedienstete: Österreich is aber net Deutschland. Da muss ich ma gucke ...
Dame: Mir sinn übrischens über Weihnachte drei Daach im Schwarzwald, kann mer da en Nachsendeauftrag mache?
Post-Bedienstete: Ähm, da müsste Se en Nachsendeauftragsantragsformular ausfülle, da muss ich gucke, wo die sinn, also Moment, Büchersendung nach Österreich, Inland, Ausland, EU-Ausland, weltweit, Wertpaket international, naa, Sperrgut ...
Dame: Jesses, de Hund, ich seh en von hier aus uffem Rücksitz, der beißt sich wund vor lauter Stress, mir sinn von Heilischabend bis zum zwodde Feierdaach im Schwarzwald, unn doodefür de Nachsendeauftrag bitte, kost des was?
Post-Bedienstete: Also des is ja eigentlich nur, wenn mer umzieht. Des is ja net fürn Urlaub. Sie sinn ja nur drei Daach weg.
Dame: Ja unn? Da hab ich drei Daach kaa Post!
Post-Bedienstete: Aber an de Feiertage kommt ja eh kaa Post.
Dame: Woher wolle Sie des wisse, bei uns gehn Leut vorbei, die

werfe die Weihnachtsgrußkarte persönlich oi, um sich's Porto zu sparn, es hat net jeder Geld zum Briefmarke kaafe! Des werd ja aach immer teurer, ich hab da Verständnis defür.

Post-Bedienstete: Aber Sie kriesche doch nix nachgeschickt, wo aaner persönlich bei Ihne einwirft.

Dame: Ja ääwe, weil de Service immer schlechter wird. Montags kommt ja sowieso überhaupt kaa Post mehr.

Post-Bedienstete: Also Büchersendung nach Österreich, ja?

Dame: Ja, unn dann brauch ich noch Briefmarke, also ich wollt Briefmarke umtausche, gucke Se, ich hab gestern, wo hab ich se dann, in dem Geldbeutel findste nix, da is de Impfpass vom Hund, Jesses, da sinn se, da hatt ich gestern Briefmarke am Automat kaaft, äwwer des sinn ja so gesichtslose Einheitsdinger, die will ich umtausche in Sonderbriefmarke mit em scheene Bild druff.

Post-Bedienstete: Ich kann nix umtausche.

Dame: Net? Warum net?

Post-Bedienstete: Ich kann doch kaa Briefmarke umtausche.

Dame: Aha, also ich wollt die hässliche Einheitsdinger gern umtausche, es gibt doch die scheene Sonderedition vom Raketenmuseum in Peenemünde.

Post-Bedienstete: Die könne Se bei mir kaufe, aber net umtausche.

Dame: Ich will se net umtausche, ich will se eintausche, oder vielleicht die Serie mit denne Füchs unn Ischel druff.

Post-Bedienstete: Wann's doch net geht!

Dame: Aja, wann's net geht, da muss ich mich mit abfinne, mer lernt immer was dezu, dann nemm ich die hässliche Automat-Marke halt fer Leut, wo's eh egal is. Mer hat ja Zeusch zu schicke ans Finanzamt unn die Krankekass, die gucke eh net uff die Briefmarke, wobei, wie ich neulich die Röntgenbilder vom Hund kriegt hab, war e scheene Marke druff, so mit so em Eisenbahntunnel im Harz, unn da hab ich gedacht, guck, im Labor, des sinn Leut, wo sich Gedanke mache, also unabhängig dodevon jetzt noch achtzehn 62er, drei 45er, elf 145er unn dreiunnachtzisch 1-Euro-Briefmarke, wobei die gibt's eh meistens net, sogar in Ascheberg in de Post gibt's die nur am Schalter ganz rechts, ich mach kaa Witz, unn woannerst muss mer se stückeln, also dann könne Se's aach stückeln in 80er unn 20 er.

Post-Bedienstete: Also wieviel noch ma??

Dame: Hatt ich die Büchersendung jetz schon bezahlt? Des is für mei Schwester, so e Mieder wo de Bauch zammehält, des brauch die dringend mit ihrne Rettungsring. Letzt Jahr hatt ich ihr e Telefonbuch geschickt, des Örtliche, sie wollt was, wo se an dehaam erinnert.

Post-Bedienstete: Wenn Sie e Mieder verschicken, isses aber kaa Büchersendung.

Dame: Büchersendung, des is doch worscht, was drin is, auße steht doch Büchersendung, ob da jetz e Bauch-Weg-Mieder drin is oder e Buch, is doch worscht. Für mei Schwester isses quasi e Rettungspaket unn kaa Büchersendung. E Tiersendung kam gestern, die war intressant, 80 Prozent der Seeadler in der holsteinischen Schweiz verenden, des hab ich net gewusst. Hatte Sie mir des Nachsendeauftragsantragsformular jetz schon gewwe?

Herr: Entschuldigung, ich hab Sie net vorgelasse, um mir des ganze Geschmarr anzuhörn! Des gibt's ja wohl überhaupt net! Sie ham doch en Dubbe!

Dame: Guter Mann! Guter Mann! Ja ja ja, so sinn se, die Leut, erst freundlich, aber jetz, wo's halt e bissje länger dauert, jetz werd rumgemotzt! Ich hab's gleich, ich muss ja widder naus zu meim Hund, der beißt sich wund vor lauter Stress.

Herr: Des deed mir genauso gehn, wenn ich mei ganz Leewe mit Ihne verbringe müsst!

Die Dame kontert, indem sie weitere Sonderbriefmarken in bestimmten Stückelungen bestellt und nach einer geografischen Übersichtskarte über alle Briefkastenleerungszeiten im Landkreis fragt. Der Herr verlässt das Geschäft.

Klassentreffen

Elvira, Uta und Christl sitzen an einem langen, ansonsten leeren Tisch im Café. Uta und Christl unterhalten sich in dumpfer Stimmlage und verzehren dabei langsam ihre Sahnetorten. Elvira spricht sehr laut.

Elvira: Eewisch einbezahlt, unn dann wolle die mich net operiern! Der sacht, ich soll Sport mache, ich kann mich doch kaum noch beweesche!
Uta: Es kommt gar kaaner ...
Christl: Die Annemarie hat gesacht, dasse net kommt. Die is beim Friseur.
Uta: Die kann doch wann annerst bein Friseur. Mer lässt doch weesche em Friseurtermin net des Klassetreffe ausfalle.
Christl: Die geht zu so em teure Chines´ in Darmstadt, der deed so gut schneide.
Elvira: Mei Nichte wohnt jetz aach in Darmstadt. Die hat in Kanada studiert, bei em Nobelpreisträger, aber hier werd´s net anerkannt!
Uta: Ich müsst mer aach ma widder Strähnchen mache lasse.
Elvira: Ich hab 30 Jahr lang gesträhnt. Vor em halbe Jahr hab ich´s sein lasse. Für was dann? Mein Mann hat rumgemosert, jetz wär ich so grau, des deed em net gefalle. Hab ich gesacht, guck doch dich an! Guck doch dich an, hab ich gesacht. Is doch wahr!
Uta: Was is´n mit de Heidi? Kommt die? Die hab ich aach jahrelang net mehr gesehn.
Christl: Die würdst du aach gar net mehr erkenne, die hat so viel abgenomme.
Uta: Ich erkenn doch die Heidi!
Christl: Die würdst du net mehr erkenne. Wenn die jetz die Tür reinkäm, die würdste net erkenne.
Elvira: Habt ihr eischentlich mitkrieht, dass ich en Cholesterinschlag hatt? Ich hatt 240!
Uta: Ich hatt 250 im Sommer. 240 is gar net so viel.

Christl: Also ich hatt 260, unn da hat de Dokter gesacht, des wär fer mich so die Grenze.
Elvira: Ich hatt en Cholesterinschlag! Unn weesche de Tablette is dann mein Blutdruck explodiert!
Uta: Die Helga lässt sich aach nie blicke bei Klassetreffe. Die hab ich eewisch net gesehe.
Christl: Die hat 200 Wohnunge.
Uta: Die Helga hat 200 Wohnunge?
Christl: Die hat doch so gut geheiert, so en Edelstahl-Magnat aus Essen. Unn dann is der gestorbe, unn sie hat 200 Wohnunge. Unn dann hat se widder aan geheiert, der is aach so vermögend. Der hat 40 Häuser unn e Sägewerk im Schwarzwald. Schmitt hääßt der, der hat neewer mir des Grab.
Elvira: Irschendwas hab ich falsch gemacht.
Christl: Die Helga is steinreich.
Uta: Sonst is kaaner reich worn aus unserne Klass, oder?
Christl: Naa. Aber die Helga war ja ursprünglich in de Parallelklass.
Uta: Die Sylvia war doch mit dem reiche Zahnarzt verheiert in Heidelbersch. Aaner von beide war doch gestorbe, oder? Is sie gestorbe oder er?
Christl: Sie.
Elvira: Er!
Uta: Aja jedenfalls kommt se aach net. Gar kaaner kommt.
Christl: Die Heidi hatt eischentlich gesacht, sie kommt.
Uta: *(sieht sich um)* Sie is aber noch net da.
Christl: Die würdst du eh net erkenne. Wenn die jetz zur Tür reinkäm, die würdst du net erkenne.
Elvira: Sahne macht gar net so dick wie mer denkt.

Eine Seniorin betritt das Café. Falls es sich bei ihr um die ehemalige Klassenkameradin Heidi handelt, muss sie sich äußerlich nochmals enorm verändert haben, denn sie wird von keiner der drei Anwesenden erkannt. Die Damen schauen nur kurz auf und zerteilen weiter ihre Sahnetorten.

Die Terminvereinbarung

Frau Hock hat zum 65. Geburtstag einen Gutschein über ein Wellnesspaket in einem Schönheitssalon geschenkt bekommen. Sie greift zum Telefon, um einen Termin zu vereinbaren.

Frau Hock: Guten Tach, ich hatt en Gutschein geschenkt bekomme und wollt en Termin ausmache.
Mitarbeiterin: Gerne, Sie haben das Wellnesspaket, ja?
Frau Hock: Ja, wie lang dauerten des?
Mitarbeiterin: So zwei Stunden, wir bieten das immer nachmittags an. Wann hätten Sie denn Zeit?
Frau Hock: Ach, eischentlich immer, ich bin ja Rentnerin. Saache Sie mir einfach, wann es nächste Ma was frei wär.
Mitarbeiterin: Also die Woche ist alles schon voll, nächsten Montag um vier?
Frau Hock: Da hab ich Wassergymnastik. Sonst geht's eischentlich immer, nur montags net.
Mitarbeiterin: Dann am Freitag um halb sechs?
Frau Hock: Ja, des geht.
Mitarbeiterin: Da trag ich Sie gleich ein.
Frau Hock: Halt, naa, doch net, da hammer ja Hochzeitstag, des geht net, da gehn mer esse.
Mitarbeiterin: Dienstag, 11. November um 18 Uhr?
Frau Hock: Oh Jesses, naa, da hammer St.-Martinsfeier von de Hundegruppe.
Mitarbeiterin: Und am Tag drauf, Mittwoch, 12. November um 16 Uhr?
Frau Hock: Naa, da muss ich uffen Friedhof, da is Seelenamt für mei Tante. Vielleicht mache mer's lieber im Dezember, im November is doch schon so viel, seh ich grad.
Mitarbeiterin: Montag, 8. Dezember um halb fünf?
Frau Hock: Ja. Naa, babbel, da is doch immer Wassergymnastik.
Mitarbeiterin: Ach so, montags geht's ja nicht. Dienstag, 16.12.?
Frau Hock: Ach je, naa, da simmer ja e Woch uff de Aida! Naja,

vielleicht doch besser nächst Jahr, über Weihnachte kemmt die Verwandtschaft, da werd´s terminlich aach eng.
Mitarbeiterin: 14. Januar um 16 Uhr?
Frau Hock: Naa, da hab ich um drei en Termin beim Kardiolooch, den kann ich net verschiebe, da wart ich schon neun Monat druff. Aber sonst geht's eischentlich immer.
Mitarbeiterin: 15. Januar um 17 Uhr?
Frau Hock: Oje, naa, da werd de Hund operiert.
(Zwei Minuten später.)
Mitarbeiterin: 26. Juni um 18.30 Uhr?
Frau Hock: Also, ausgerechent da hammer Sommerfest vom Wanderverein, da mach ich immer die Sektbar, des kann ich net absaache. Aber sonst geht's eischentlich immer.
(Drei Minuten später.)
Mitarbeiterin: Dann am ... 18. September nächstes Jahr um 16 Uhr?
Frau Hock: An dem Wochenend fahrn mer zum Knödelfest nach St. Johann. Die Woch druff is aach eher schlecht, da wollte mer noch e paar Daach in em Hundehotel in St. Pölten dranhänge, also wenn de Hund die Operation überlebt.
(Zehn Minuten später.)
Mitarbeiterin: Wie schaut´s aus, heute in drei Jahrn, Mittwoch, 25. Oktober um 16.30 Uhr?
Frau Hock: *(überlegt)* Des müsst gehn ... Ja, des müsst gehn ...
Mitarbeiterin: Dann trag ich Sie da gleich ein. Sagen Sie bitte bis eine Woche vor dem Termin Bescheid, falls Ihnen etwas dazwischen kommt.
Frau Hock: Naa, des müsst gehn ... Mittwoch, 25. Oktober, heut in drei Jahrn ... Da fällt mir jetz werklisch nix ein, was da is ... Des müsst gehn ... Ja, ja, des müsst schon gehn ... Außer sie verleesche bis dahin die Wassergymnastik uff Mittwoch ...

Beim Ohrenarzt

Schon seit eineinhalb Stunden wartet Herr Walter im Wartezimmer beim Ohrenarzt. Als er endlich aufgerufen wird, legt er seine Zeitschrift zurück und folgt der Arzthelferin. Diese führt ihn zu einer Stuhlreihe im Flur zwischen den Sprechzimmern. Dort sitzt bereits Frau Hartmann, eine etwa 85-jährige, in eine Illustrierte vertiefte Dame.

Arzthelferin: So, Herr Walter, wenn Sie hier nochmal kurz Platz nehmen möchten. Frau Hartmann, Sie sind dann als nächste dran, es dauert nicht mehr lange.
(Frau Hartmann blickt nicht von ihrem Heft auf. Herr Walter und Frau Hartmann warten 15 Minuten lang schweigend.)
Herr Walter: Sie ham's richtich gemacht. Sie ham sich e Heftche zum Lese mitgenomme.
(Frau Hartmann blickt auf und liest dann weiter.)
Herr Walter: Ich bin zum erste Mal hier. Ich hab gedacht, wenn die mich uffruft, komm ich gleich zum Dokter. Stattdesse kommt mer erst noch ma in so e Zwischenlager.
(Frau Hartmann blättert um.)
Herr Walter: Wenn ich des gewusst hätt, hätt ich aach e Heftche mitgenomme.
(Frau Hartmann blättert um.)
Herr Walter: Warte Sie schon lang?
Eine andere Arzthelferin: *(im Vorbeigehen)* Die hört nix.
Herr Walter: Ach so ... Ja, mir sinn ja aach beim Ohrnarzt ... *(Er beugt sich zu Frau Hartmann und wird lauter)* Hörn Sie werklisch nix? Gar nix?
(Frau Hartmann blickt nicht auf.)
Herr Walter: Jetz sinn mir hier zwischegelaachert ... Wenn ich des gewusst hätt, hätt ich mir e Heftche ausm Wartezimmer mitgenomme. Ich hab so en Pfropf im linke Ohr, des muss ausgespült wern. Um wie viel Uhr hatte Sie denn Ihrn Termin? Ach so, Sie hörn ja nix.

Ohrenarzt: *(kommt aus einem Behandlungszimmer und blickt auf seine Patientenakten)* So, Frau Hartmann, Sie können schonmal in Zimmer 2.
(Frau Hartmann schaut nicht auf.)
Ohrenarzt: Frau Hartmann? Sie können schonmal in Zimmer 2!
Herr Walter: Sie hört Sie net.
Ohrenarzt: *(sehr laut)* Hallo! Frau Hartmann! Gehn Sie bitte schonmal in Zimmer 2!
(Frau Hartmann blickt auf, sieht den gestikulierenden Arzt an und liest dann weiter in ihrem Heft.)
Ohrenarzt: *(noch lauter)* Frau Hartmann! Hallo, Frau Hartmann?
Herr Walter: Sie hört nix.
Ohrenarzt: Die hört wirklich nichts. *(Er überlegt und wendet sich schließlich Herrn Walter zu.)* Naja, dann, ähm ... Herr ... Walter, dann gehn Sie halt schonmal in Zimmer 2!

Frau Hartmann blättert um. Und wenn sie nicht gestorben ist, sitzt sie immer noch in der Zwischenablage beim Ohrenarzt ...

Kapitel 5:

„Ich hab 38 verschiedene Käskuche im Kopp! Unn des sinn nur die Käskuche!"

Kulinarische Wunderwelten

Schwan auf Atlasgranit

Die Familie ist bei der Großmutter eingeladen. Während die Hausherrin Sauerbraten auftischt, kommt man auf Vorgänge im Nachbarhaus zu sprechen, die durchs Fenster zu beobachten sind.

Sohn: *(lugt nach draußen)* Da drüwwe sinn Leut, die traache als Kiste naus.

Enkelin: Eben wurd auch en Mensch rausgefahrn! Im Rollstuhl, Oma!

Oma: Ja, des is de Herr Mehrenboom, der kemmt heut ins Altersheim. So, jetz hab ich die Soß vergesse, die Soß fehlt noch, nemmt euch schomma Salat!

Sohn: Hast du den gekennt?

Oma: De Herr Mehrenboom? Oje, die Soß is e bissje dick worn!

Schwiegertochter: Wie lang wohnt´n der schon da? Ich hab den noch nie gesehn.

Oma: Ja, de Herr Mehrenboom, den hat mer nie gesehn, aber der muss e ganz beweeschtes Leewe gehabt ham. Die Helga hat mer´s erzählt, die kennt üwwer drei Ecke dem sei Tochter, e beweeschtes Leewe hätt er gehabt, grad in kulinarischer Hinsicht! Esst, hopp, fangt an!

Schwiegertochter: In kulinarischer Hinsicht?

Oma: Die Helga kennt doch dem sei Tochter aus´m Krankehaus, weil sie war vor zwansisch Jahrn im gleiche Zimmer wie dem sei Tochter, unn de Ansgar Mehrenboom hat sei zwodde Fraa damals aach im Krankehaus kennegelernt, weil die kurz denach eingeliffert worn is: Lebensmittelvergiftung! Unn die war bedeutend älter als er.

Sohn: Die Tochter von ihm is älter als er selwer?

Oma: Die zwodde Fraa is älter als er, unn die hätt ihm nie was gekocht, saacht die Helga. Nie was gekocht: Scheidung nach vier Monat! Unn kurz nach ihrm Auszuuch hätt er sich die Küche liffern lasse, wo dann zusammegebroche is! Jetz weiß ich aach endlich, weshalb 1996 en Kran drüwwe im Vorgarte gestanne hat!

Enkelin: Hä, was war mit der Küche, Oma?
Sohn: De Nachbar is in seiner Küch zammegebroche.
Oma: Nein, dem is die Küch zusammegekracht, unner ihrm eischene Gewicht! Des war e Steinküche, tonnenschwer, aus Atlasgranit, die is mit em Kran geliffert worn! Des hab ich gesehn, aber ich hab net gewusst, dass des e Küch is, ich hab gedacht, die leesche dem en Fels in de Garte!
Enkelin: Was waren der von Beruf?
Oma: Des wusst die Helga net, irschendwas mim Fluuchhafe. Wie Pilot, aber von daheim aus, aber der war seit 30 Jahrn in Rente, unn in der Zeit isser net oft nausgange. Hopp, esst, es werd alles kalt! Der wollt Schwan etabliern als Gericht.
Sohn: Was?
Oma: Der wollt, dass mer Schwan isst. Der hätt hunnerte von Restaurants angeschriwwe, warum uff de Speisekarte kaan Schwan wär. Irschendwo hat er ja Recht, mer isst ja aach Fisch unn Ente unn Biber, die wohne aach im Wasser!
Enkelin: Wer bitte isst denn Biber?! Bä!
Oma: Der hätt Experimente gemacht, drüwwe in seine Steinküch hätt er immer gestanne unn Schwän gekocht. Bisse zusammegebroche is. Da sieht mer erstma, wie wenisch mer vonenanner weiß. Da steht mein Nachbar Jahre lang neewer mir in de Küch unn kocht Schwän, unn ich erfahr´s erst, wenn er abgeholt werd! So, nemmt euch, die Klöß wern kalt!
Sohn: Warum isst mern eischentlich kaan Schwan?
Oma: Unn zwischedorsch war er ma ein Jahr fort, weesche denne Todesdrohunge.
Schwiegertochter: Was?
Oma: En italienische Weinversand hättem Todesdrohunge geschickt, weil er nix mehr bestellt hat.

Die Gäste blicken verstört durchs Wohnzimmerfenster zum Nachbarhaus.

Oma: Unn da wär er ins Elsaß geflohn unn hätt Käs geknipst.

Munsterkäs, für so e Essens-Zeitschrift, aber die ham ihm nie e Honorar überwiese. So, jetz is aber genuuch vom Herr Mehrenboom, ihr guckt als nur naus und habt noch gar nix gesse! So, Schluss, guten Appetit!

Die Großmutter zieht den Vorhang zu. Über das weitere Schicksal des Ansgar Mehrenboom, dessen Leben anscheinend von einer Vielzahl kulinarischer Tiefschläge geprägt war, erfuhren die Gäste trotz etlicher Nachfragen an diesem Tag nichts mehr.

Das Verlangen

Vier Damen um die 70 sitzen im Café. Mit kleinen Gäbelchen zerkleinern sie krümeliges Trockengebäck und trinken koffeinfreien Kaffee. Sie unterhalten sich in gedämpfter Lautstärke.

Dame 1: Neulich is mir ja was passiert ... Ich waaß aach net, da isses mit mir dorschgange ... Sowas is mir ja schon seit Jahrn net mehr passiert ...
Dame 2: Was dann?
Dame 1: Des darf mer eigentlich gar keim saache, naja, euch kann ich's ja erzähle: Also ich geh übern Markt, wollt nur e bissche Gemüs kaafe, wie immer, unn da geh ich an dem Imbiss-Stand vorbei, unn eh ich mich verguck, hab ich e groß Portion Pommfritt kaaft unn gesse. Ich hab seit Jahrn kaa Pommfritt mehr gesse! Ich waaß aach net, ich hatt uff aamool so e Verlange! Ich konnt net anners!
Dame 2: Ja, manchma brauch mer des.
Dame 3: Is doch nix debei.
Dame 4: Brauch mer sich net schäme!
Dame 3: Is doch ganz normal.
Dame 2: Mir isses neulich ganz ähnlich gange, da war ich uffem Geburtstag von de Hedi, unn eh ich mich umguck, hatt ich fünf Stück Schwarzwälder Kirschtorte gesse! Ich konnt net mehr uffhörn, ich hatt so e Verlange!
Dame 3: Is doch nix debei, manchma brauch mer des!
Dame 2: Ich ess sonst nie Torte, unn da uff aamool, es hat mich grad so überkomme, des war mir richtich unheimlich, ich hatt so e Verlange, ich konnt mich net mehr kontrolliern!
Dame 1: Ja, des hat mer manchma, is doch ganz normal.
Dame 4: Brauch mer sich net schäme!
Dame 3: Bei mir war aach sowas neulich: Ich ess doch so gut wie kaa Fleisch, unn letzt Woch steh ich im Supermarkt unn hör mich e Kilo Rinderhack bestelle! Dann bin ich heim, mit meim Hack, hab Frikadelle gemacht unn all uff aamool uffgegesse, des war mir

richtich unheimlich. Ich waaß aach net, ich hatt so e Verlange! Ich konnt net anners!
Dame 1: Is doch ganz normal!
Dame 2: Manchma brauch mer des, is doch nix debei!
Dame 4: Brauch mer sich net schäme. Des is wie bei mir gestern, da steh ich im Wohnzimmer, unn de Siegfried hängt wie immer in seim Sessel vorm Fernseh, unn da guck ichn so an, wie er widder doo hockt, unn uff aamool hat's mich grad so überkomme: Bin ich in die Küch, hab ich e Bratpfanne geholt, bin widder ins Wohnzimmer unn hab se ihm uffen Kopp gehaache, bis er sich net mehr gerührt hat! Ich waaß aach net, ich hatt uff aamool so e Verlange, ich konnt net anners!

Am Tisch herrscht entsetztes Schweigen.

Dame 4: Des war en Witz.
Dame 1: Ach so!
Dame 2: Was machsten du uff aamool Witz? Du hast noch nie en Witz gemacht!
Dame 3: Is doch nix debei, manchma brauch mer des.
Dame 4: Ich konnt net anners, ich hatt grad so e Verlange, ma en Witz zu mache.
Dame 1: Ja, des hat mer manchma.
Dame 2: Brauch mer sich net schäme.
Dame 3: Is doch alles ganz normal ...

Die Essstörung

Jochen und Bettina, ein Pärchen um die 35, sitzen sich im Restaurant gegenüber und führen ein leicht verlegenes, stockendes Gespräch. Genauer gesagt sind die beiden noch kein richtiges Paar, haben jedoch die vage Erwartung, dass sich das nach diesem Date ändern könnte. Zumindest bis zu dem Zeitpunkt, als Bettina ihren zur Hälfte aufgegessenen Salatteller von sich schiebt.

Jochen: Hat's nich geschmeckt?
Bettina: Doch, aber ich bin satt.
Jochen: Echt?
Bettina: Ja.
Jochen: *(nach kurzer Pause)* Sonst isst du aber schon gern, oder?
Bettina: *(irritiert)* Äh ... Wie meinst du das jetzt? Findest du mich zu dick?
Jochen: Nee, Quatsch!
Bettina: Okay.
Jochen: Wie kommst du drauf, dass ich dich zu dick find?
Bettina: Das klang jetzt eben so komisch.
Jochen: Was?
Bettina: Ja, du sagst mir, dass ich anscheinend so gern ess. Das heißt ja wohl, dass ich zu dick bin.
Jochen: Nein! Im Gegenteil!
Bettina: Wie, im Gegenteil? Du findest mich zu dünn?!
Jochen: Nein, ich hab mich nur gewundert, dass du den Salat nicht packst, und dann wollt ich halt wissen, ob du sonst aber schon gern isst.
Bettina: Du unterstellst mir also, dass ich ne Essstörung hab.
Jochen: Nein!
Bettina: Weil ich den Salat nicht fertig ess. Wir sehen uns jetzt zum dritten Mal, und du interpretierst dann gleich sowas da rein, obwohl du ...
Jochen: Ich interpretier gar nix, es hat mich nur interessiert ...

Bettina: ... ob ich ne Essstörung hab!
Jochen: Nein.
Bettina: Was soll bitte sonst die Frage?!
Jochen: Welche Frage?
Bettina: Ob ich ansonsten normal ess?!
Jochen: Das hab ich überhaupt nich gesagt.
Bettina: Hast du aber gemeint! Nur wenn man als Frau mal seinen Teller nicht leer isst, heißt´s gleich, dass man ne Essstörung hat!
Jochen: Also so aggressiv, wie du hier reagierst, könnte man echt meinen, du hast eine!
Bettina: Das is ja wohl die Höhe!
Jochen: Ich mein, der Salat war wirklich nich groß! Den kann man doch mal eben fertig essen!
Bettina: *(packt ihre Handtasche zusammen)* Ich geh jetzt.
Jochen: Du verstehst alles völlig falsch!
Bettina: Ich versteh das schon richtig, und ich bin dir auch dankbar für deine unpassende Bemerkung, so kann ich mir jetzt nämlich die Lebenszeit sparen, die ich sonst auf weitere Treffen mit dir verschwendet hätte. Tschüß!

Sie verlässt das Restaurant. Jochen bleibt am Tisch sitzen und denkt kurz darüber nach, wie der Abend weiter hätte verlaufen können, wenn er einfach geschwiegen hätte. Dann zuckt er mit den Schultern und macht sich daran, Bettinas restlichen Salatteller „mal eben fertig zu essen".

Das Hähnchen-Essen

Die Familie trifft sich eines Samstags bei den Großeltern zum Hähnchen-Essen. Auf jedem Teller befindet sich ein halbes Hähnchen, in der Mitte des Tisches thront ein enormer Bottich voller Pommes Frites. Die Familie redet munter durcheinander und beginnt sogleich mit der Mahlzeit.

Oma: *(verteilt Pommes Frites)* Esst fest, des werd alles kalt!
Enkel: Opa, hast du den Film gestern gesehn mit dem Geköpften?
Vater: *(wedelt mit einem bereits abgenagten Hühnerbein)* Ich brauch en Teller für die Knoche!
Oma: Jesses, ja, ich hol euch was für die Knoche! Esst, des werd sonst alles kalt!
Enkel: Opa, der geköpfte Reiter, hast du den Film geguckt gestern?
Opa: Sleepy Hollow, ja, wo die Schädel über de Waldweesch gekullert sinn, guter Film.
Mutter: Also ich ess heut nur Pommes, ich will kaa Hähnchen.
Oma: *(kommt mit einem „Knochenteller" aus der Küche)* Was?! Wieso isst du jetz kaa Hähnchen?
Vater: *(hievt sich das verschmähte Fleischstück auf den Teller)* Geb her. Ich esses.
Enkel: Oma, da war so en Reiter ohne Kopf, unn der hat dann immer so seinen Säbel gezogen unn ...
Oma: Erzähl net so viel, des werd alles kalt! Wieso isst'n du jetz kaa Hähnchen?
Enkel: Ich ess doch die ganze Zeit!
Oma: Ich mein dei Mutter.
Mutter: Ich waaß net, ich kann's net mehr esse, jetz wo grad widder die ganze Skandale sinn.
Opa: *(reißt einen Hähnchenschenkel ab)* Was fer Skandale?
Mutter: Aja, mit denne arme Schweine unn denne Futtermittel unn so.
Vater: Des beste am Hähnchen is die Haut!
Oma: Des is doch kaa Schweinefleisch, des sieht mer doch!

Opa: Des is en Vochel! Geköpft unn längs zerhackt. Des kannste ruhisch esse.
Enkel: *(wendet sein halbverzehrtes Hähnchen)* Des is ja wirklich in der Mitte durchgehackt.
Vater: Deshalb heißt´s ja aach „Halbes Hähnchen". Ich brauch noch en Teller fer die Knoche!
Enkel: Meint ihr, hier aufm Tisch sinn zwei Hälften, die zueinander passen? Also ich mein, essen wir jetz fünf halbe Hähnchen oder zwei ganze und ein halbes?
Mutter: Mir wird ganz schlecht, ich kann´s net ännern.
Opa: Des is en Vochel, des sieht mer doch. Des kannste ruhisch esse.
Enkel: Opa, vielleicht warn mein halbes Hähnchen unn dein halbes Hähnchen früher en ganzes Hähnchen.
Vater: Des beste am Hähnchen is die Haut!
Oma: Wenn mer bei jedem Skandal nix mehr isst, da derft mer ja gar nix mehr esse. Auf, nemmt euch noch Bommfritt, des werd alles kalt!
Vater: *(hebt eine Vielzahl abgenagter Gebeine in die Höhe)* Wohin mit de Knoche?
Oma: Die Knoche, Jesses, ich hol noch Teller! Auf, esst! Ja, da derfteste gar nix mehr esse, im Dioxin ham se doch aach die ganze Eier gefunne. So, wer will noch Bommfritt?
Opa: Des is eindeutisch en Vochel. Des kannste ruhisch esse.
Enkel: Vielleicht isses ja gar kein Hähnchen, vielleicht isses ne Taube, Mama!
Mutter: Oh, seid ruhisch, mich schüttelt´s.
Opa: De Bornmeiers-Anton hat sellemools jed Jahr en Has gemacht fer die ganz Verwandtschaft an Ostern. Mir ham aach erst Jahre später erfahrn, dass es immer e Katz war!
Vater: Des werd schon e Hähnchen soi. Unn wenn net, schmeckt mer net de Unnerschied.
Opa: Es is uff jeden Fall eindeutisch en Vochel.
Enkel: Geköpft und längs zerhackt!
Oma: Auf, esst fertisch, dass ich de Tisch abräume kann! Zum Nachtisch gibt´s Katzenzungen!

Halbfettbier

Willi und Bernd treffen sich zum Fußball-Schauen bei Willi zuhause. Als Bernd kurz vor Anpfiff eintrifft, hat er einen Kasten alkoholfreies Bier dabei, den er im Wohnzimmer abstellt. Willi begutachtet skeptisch das Mitbringsel.

Willi: Seit wann trinksten du alkoholfrei Bier?
Bernd: Ich muss e bissje uffbasse, hat de Dokter gesacht. Kaan Schnaps, unn wenn ich Bier will, soll ich gucke, dass ich alkoholfrei nemm.
Willi: Des is ja nix ...
Bernd: Aja, was will mer mache. Mer werd älter, irschendwann muss mer ma sei Gewohnheite üwwerdenke. Mer kann net als so weitermache wie früher, wo mer noch jung war. Ich muss grad noch ma naus zum Auto.

Bernd verschwindet und kehrt mit zwei weiteren Kästen alkoholfreiem Bier zurück.

Willi: Was gibt'n des? Es kommt kaaner mehr. Mir sinn nur zu zwodd.

Bernd geht nochmals zum Auto und schleppt fünf Sixpacks mit alkoholfreiem Bier ins Wohnzimmer.

Willi: Unn selbst wenn noch aaner komme deed, deed kaaner komme, wo alkoholfrei Bier will.
Bernd: Ja, des is für mich.
Willi: So viel? Wann willsten des all trinke?
Bernd: *(stürzt eine Flasche alkoholfreies Bier hinunter)* Ich hab doch gesacht, ich muss mei Gewohnheite ännern.
Willi: Des langt ja bis zur WM 2022 in Kadda.
Bernd: Ich muss jetz ja viel mehr trinke, weil des alkoholfreie Bier fast kaan Alkohol hat.

Willi sieht ihn stumm an, während er die nächste Flasche leert.

Bernd: *(muss aufstoßen)* De Dokter sacht, wenn ich Bier will, soll ich nur alkoholfreies nemme, aber weil da nur nullkommasounnsoviel Alkohol drin is, muss ich ja jetz entsprechend mehr trinke, um uffs selwe Level zu komme. Was will mer mache. *(Er öffnet die nächste Flasche.)*
Willi: Ach so. Aja.
Bernd: Wenn im normale Bier fünf Prozent Alkohol is, im alkoholfreie aber höchstens 0,5 Prozent, muss ich ja mindestens zehn mal so viel trinke. Verstehste?
Willi: Ja. Aja. Was willste mache.
Bernd: Heut beim Rückspiel bei der Uffreeschung brauch ich vorneweg 25 Liter, dass ich halbwegs uff Promille komm.
Willi: Aja ... Dann trink, dass de en Vorsprung hast. Sonst trink ich dann beim Spiel e normal Bier unn hab dich gleich üwwerholt.
Bernd: *(trinkt zügig weiter)* Es is schon e Umstellung. Aber was will mer mache.
Willi: *(geht in die Küche)* Ich schmier mer noch e Brot, bevor's Spiel anfängt.
Bernd: Es is nie zu spät, sei Gewohnheite zu überdenke. Mer kann net als so weitermache wie früher, wo mer noch jung war!
Willi: Ja, mer muss sich schon umstelle. Weesche meim Herz nemm ich aach nur noch Halbfettmargarine. Aber manchmal maan ich, die mache des grad extra, von de Industrie her. Weil wenn da nur die Hälft Fett drin is, muss mer sich ja doppelt so viel devon uffs Brot schmiern. *(Er kommt mit einer fingerdick mit Margarine bestrichenen Scheibe Brot aus der Küche.)* Da is die Packung ruckzuck leer unn mer kauft e neue. Mit deim Bier genauso. Statt eim Kaste musste gleich zehn kaafe. Des geht uff Dauer ins Geld.
Bernd: *(stößt auf)* Ja aber es is ja fer die Gesundheit.
Willi: *(beißt in sein doppelt so dick beschmiertes Halbfettbrot)* Aja, freilisch. Was will mer mache ...

Im Insektenhotel

Die Großmutter feiert Geburtstag und hat die Familie zu Kaffee und Kuchen eingeladen. Alle reden munter durcheinander. Die Hauskatze Miezi liegt schlafend auf einem eigenen Stuhl.

Oma: Nemmt euch, ich hab widder viel zu viel gebacke! Ich hab gedacht, die Torte langt net, unn dann hab ich heut moin noch en Zebrakuche gebacke, unn vorhin noch de Maulwurfkuche.
Vater: *(mit vollem Mund)* Bienestich! Oich gut!
Oma: Ja, ess, de Bienestich, ich hab'n extra mit Kokos gemacht, so willsten doch immer.
Opa: Jetz soll mer ja bald nur noch Insekte esse.
Oma: Was erzählst dann du widder für en Stuss? Ess dein Kuche unn geb Ruh!
Mutter: Doch, des stimmt, des hat in de Zeitung gestanne, dass mer mehr Insekte esse soll, weesche de Energiebilanz.
Enkelin: *(streichelt die Katze)* Boah is ja voll eklig.
Opa: Heuschrecke, Made, Käfer.
Mutter: Ja, weil die net so viel CO2 ausstoße wie die Küh, da brauch mer wenischer Ressource, wenn mer Insekte isst statt e Schnitzel oder e halb Hähnche. Hast du des net gelese?
Opa: Heuschrecke, Made, Käfer, Spinne. In Asien mache die des aach.
Vater: De Bienestich is oich gut!
Enkelin: Bäh, ich ess doch keinen Käfer!
Opa: So e paar Heuschrecke, warum net, so fer abends vorm Fernseher. Die wern fritiert, des esse die in Thailand wie Chips!
Oma: *(erschlägt mit der Fliegenklatsche eine Wespe)* Jetz hör doch uff mit denne unappetitliche Vorträäch! Wie kommt dann jetz die Wespe doo noi? Des is die erste in dem Jahr. An meim Klebstreife in de Küche hatt ich letzt Jahr zwanzisch Wespe hänge. Die Schmaaße konnt ich gar net mehr zähle, der Streife war komplett schwarz! Im Sommer, was bei uns all rumfliescht, ich mein oft, ich bin im Insektenhotel!

Opa: Wespe könnt mer glaub ich net esse, weescherm Gift. Aber fürs Klima wär's glaub ich aach gut, wenn mer die Haustiere esse deed. *(Er schaut zur Katze)*
Oma: So, jetz hopp, esst, es muss alles fort!
Enkelin: Miezi, hör net aufn Opa, mir essen dich net.
Opa: Ich maan ja nur so vom Klima her.
Oma: Vom Klima her, was babbelst du für en Stuss, mir esse doch net die Katz! Was musst du immer für schreckliche Tischgespräche vom Zaun breche?!
Mutter: Aber theoretisch vom Klima her hat er Recht, wenn mer allein bedenkt, was die Produktion vom ganze Futter für die Haustiere für CO2 verursacht.
Die Katze springt vom Stuhl und verschwindet.
Oma: Miezi, ja, geh fort, die arm Katz! Die hat euch genau gehört, die is schlau!
Vater: Ich deed kaa Katz esse, Käfer unn Spinne aach net. Obwohl, so e paar Heuschrecke ...
Opa: Saach ich doch, so fer abends vorm Fernseher! Käfer sinn bestimmt aach schee knusprisch ...
Mutter: Des lehnen mir nur ab, weil mir's halt net gewöhnt sinn.
Opa: Apropos Haustier esse, hab ich euch schon die Geschichte vom Bornmeiers-Anton verzählt ...
Oma: Ja, des haste!
Opa: ... wo an Ostern immer en Has gemacht hat fer die Verwandtschaft, wo mir erst Jahre später erfahrn ham, dass ...
Mutter: Ja, des haste schon erzählt!
Oma: Ich will an meim Geburtstaach kaa Dummgebabbel mehr hörn von Insekte unn Zeusch! Freut euch, esst Kuche, hopp, de Bienestich muss fort!
Enkelin: Du hast unser Geschenk noch gar net aufgemacht, Oma.
Oma: *(öffnet den überreichten Umschlag)* Ach, guck doohii, des is äwwer schee! Danke!
Opa: Was hasten krieht?
Oma: En Essens-Gutschein. Vom Hotel „Käfernberg".

Es geht auch ohne Internet

Frau Steigerwald, 66, begegnet ihrer Nachbarin Frau Hock, 71, eines Nachmittags an der Grundstücksgrenze. Beide leeren Biomüll in Biotonne beziehungsweise Komposter.

Frau Steigerwald: Was hat mer widder so viel Müll, nä?
Frau Hock: Moje is Gelbe Sack!
Frau Steigerwald: Unn übermoje is Biomüll.
Frau Hock: Immer is en annern Müll.
Frau Steigerwald: Ja, mer kommt gar net mehr zur Ruh.
Frau Hock: Biomüll is äwwer aach nötisch. Da, gucke Se, mir sinn heut Mittag die ganze Kartoffeln verbrennt weesche dem Internet.
Frau Steigerwald: Oh Jesses, da werd die Tonne voll, ja.
Frau Hock: Des war e Sauerei, ich saach Ihne, Frau Steischerwald ... Weil ich war im Internet unn wollt was nachgucke, unn da hab ich komplett die Zeit vergesse. Unn dann hat mer die verbrennte Kartoffeln uffem Herd.
Frau Steigerwald: Des Internet, naa, des intressiert mich net.
Frau Hock: Ich bin doch im Seniorncomputerkurs. Unn als Hausaufgabe musste mer im Internet e Rezept googeln.
Frau Steigerwald: Mei Rezepte hab ich all im Kopp, Frau Hock. Es geht aach ohne Internet. Grad hab ich widder en Gugelhupf im Backofe.
Frau Hock: Mer googelt dann doo rum unn vergisst die Zeit. Ich wollt eischentlich nur e Rezept fer Käskuche suche.
Frau Steigerwald: Wie Käskuche geht, kann ich Ihne saache.
Frau Hock: Ja ich waaß aach, wie Käskuche geht, des war ja nur, dass mer ma es Googeln übt.
Frau Steigerwald: Ich saach immer, es geht aach ohne Internet.
Frau Hock: Unn bis ich e Rezept gefunne hab, sinn mer die Kartoffeln uffem Herd verbrennt, weil ich musst des Käskuche-Rezept ja irschendwie rabblade unn ausdrucke als Beweis fern Kurs, dass ich's gefunne hab, aber da hat de Computer dann zu mir gesacht, des wär zu groß als Anhang, unn des sollt ich minimiern

oder so, was waaß ich.

Frau Steigerwald: Hätte Se mich gefraacht, ich hätt Ihne e Käskucherezept gewwe könne. Ich hab die all im Kopp gespeichert.

Frau Hock: Unn dann hab ich gedacht, ich könnt ja als Übung gleich noch e Springform unn en Schnellkochtopf bestelle, unn dann hab ich da Zeusch angeklickt, unn nach ner halben Stund sacht de Computer, mein Warenkorb wär leer, obwohl ich lauter Sache neihatt.

Frau Steigerwald: Des kann aam beim Aldi net bassiern.

Frau Hock: Ja, so war des mit dem Internet. Ich geh dann ma widder nei.

Frau Steigerwald: Ich hab 38 verschiedene Käskuche im Kopp. Unn des sinn nur die Käskuche!

Frau Hock: Ja, es war ja nur ...

Frau Steigerwald: Käskuche mit Boden, ohne Boden, ohne Boden mit Gries, mit Mandarine, mit Schokostreusel, mit Rosine, mit Kirsche, mit Orangensaft, Zebrakäskuche, Birnen-Karamell-Käskuche, Amaretto-Käskuche ...

Frau Hock: Jaja, es war ja nur als Übung gedacht.

Frau Steigerwald: Käskuche mit Mohn, mit Eierlikör, Käsekuchen-Muffins, After-Eight-Käskuche, Pfirsich-Käskuche, Drei-Lagen-Käskuche, Appelmus-Käskuche ...

Frau Hock: Frau Steischerwald ...

Frau Steigerwald: Käskuche mit Eisschneehaube, mit Kokos, mit Erdbeern, mit Brombeern, Marmorkäskuche, Rhabarber-Käskuche mit Marzipan, Bienenstich-Käskuche, Fürst-Pückler-Käskuche ...

Frau Hock: Aus ihrm Küchefenster kemmt Rauch!

Frau Steigerwald: Oh Jesses! De Gugelhupf! Jetz hab ich mich verbabbelt unn komplett die Zeit vergesse!

(Sie eilt davon.)

Frau Hock: Ja, des geht aach ohne Internet.

Die Weizenbierdebatte

Vater, Mutter, Oma und der 20-jährige Sohn Edward sind eines Sonntags zum Mittagessen in einem Wirtshaus verabredet. Als die Bedienung die Getränke bringt und Edward ein Weizenbier hinstellt, wird die Mutter stutzig.

Mutter: Seit wann trinksten du Weizenbier??
Oma: Lassen doch!
Edward: Ähm ... Ich hatt eigentlich en Malzbier bestellt. Des hat die irgendwie falsch verstanden.
Mutter: Ja sach doch was, tausch's doch um!
Edward: Nee, is doch egal.
Mutter: Des kommt devon, weil du immer so undeutlich babbelst!
Edward: Es is egal, ich trink auch ma en Weizenbier!
Oma: Lassesem doch, der kann doch ma e Bier trinke!
Mutter: Geb's em Babba!
Edward: Der hat doch selber e Bier.
Mutter: Der trinkt net nur aans, auf, stell's em Babba hin unn bestell der noch e Malzbier!
Oma: Jetz lassem doch sei Bier! Der werd doch ma e Bier trinke könne, des is doch en große Kerl, der brauch doch kaa Malzbier mehr trinke!
Edward: Es is mir egal, ob ich jetz e Malzbier oder e Weizenbier hab.
Mutter: Egal, ja, so fängt's an! Am End is eim dann alles egal!
Oma: Jetz lassem doch sei Bier!
Edward: Mama, weißt du, wie alt ich bin?
Oma: E Malzbier, des bestellt mer sich mit fünf, aber net mit zwanzisch!
Mutter: Mer muss ja noch net unbedingt mittags Alkohol trinke!
Edward: Ja, aber de Babba!
Oma: Bei dem isses ja schon egal.
Bedienung: *(kommt mit Malzbier an den Tisch)* So, und für wen war nochma des Malzbier?

Edward: Äh ... Für mich.
Mutter: Aber jetz hammer e Weizen zu viel.
Bedienung: Nein, der Herr hatte sich ja zwei Weizen bestellt, ist das richtig?
Der Vater nickt, trinkt den letzten Schluck von seinem ersten Weizen und greift sich das vor Edward stehende Glas. Die Bedienung räumt das leere Glas ab.
Mutter: *(zu ihrem Mann)* Warum sachsten du nix, dass du dir zwei Bier uff aamool bestellst??
Oma: Jetz lassem doch sei Bier!
Edward: Also hab ich doch net so undeutlich geredet.
Oma: Eddewadd, soll ich dir noch e Weizen bestelle? Du willst doch gar kaa Malzbier.
Edward: Is mir egal.
Mutter: Ich werd noch verrückt mit euch.
Oma: Siehste, jetz hätt er doch lieber e richtiges Bier, gell Eddewadd??

Der Vater hat derweil schon die Hälfte des zweiten Weizenbieres getrunken und nach wie vor kein einziges Wort geäußert. Die von seiner Frau vom Zaun gebrochene Weizenbierdebatte ist ihm, so scheint es, relativ egal.

Die Milchtüte

Notburga ist zu Besuch bei ihrer Nachbarin Ursel. Man sitzt bei Kaffee und Kuchen am Wohnzimmertisch.

Notburga: Oh Ursel, was is dein Kaffee gut!
Ursel: Schmeckter?
Notburga: Ja, oh, was en gute Kaffee!
Ursel: Ja, der schmeckt, nä?
Notburga: So en gute Kaffee is was Scheenes, grad jetz, wo´s so kalt is drauße, nä?
Ursel: Ja, schee, dass es ma geklappt hat, ich wollt dich ja schon länger ma einlade.
Notburga: Aja, die Zeit läuft aam devon, nä? Ruckzuck is widder Weihnachte.
Ursel: Da haste Recht.
Notburga: Saach emool, hättst du vielleicht noch e bissje Milch fern Kaffee?
Ursel: Milch?
Notburga: Milch, ja.
Ursel: Ach du willst´n mit Milch, wart, ich guck emool. Ich trink en immer ohne!
Notburga: Ja es muss net sein!
Ursel: Wart, ich guck emool.
Notburga: Ja es muss net sein, ich hab ja nur gedacht, falls du e bissje Dosemilch doo hättst ...
Ursel: Dosemilch hab ich jetz net doo ...
Notburga: Ja, dann lasses, Ursel.

Sie trinken schweigend.

Ursel: Dosenmilch, wann ich des gewusst hätt, mir trinke de Kaffee ja immer ohne ...
Notburga: Mach dir doch kaa Umständ, ich hab ja nur gemaant.
Ursel: Aber normal Milch hab ich doo, wart.

(Sie eilt in die Küche.)
Notburga: Du brauchst doch jetz net extra uffstehe, ich hab ja nur gemaant ...
Ursel: *(kommt mit einem Tetra Pak Milch zurück)* Doo hab ich noch e normal Milchdudde gefunne, doo kannste der e bissje noimache.
Notburga: Die ganze Tettrapack-Milchdudde? Ei die is ja noch zu! Naa, weesche mir brauchst du die Milch jetz net uffmache.
Ursel: Du wolltst doch mit Milch, mach se doch uff!
Notburga: Naa.
Ursel: Du kannst die ruhisch uffmache, mach se uff, mach se uff!
Notburga: Naa, ich hab nur gemaant, wann du e uffene Milchdudde doogehabt hättst, hätt ich mer e bissje Milch noigemacht, aber weesche mir brauche mir jetz ja kaa neue Milch uffmache!
Ursel: Notburga, du kannst die werklich uffmache, mach se doch uff!
Notburga: Die zuenne Dudde, Jesses, naa, ich hab nur gemaant, wenn du e uffene Dudde eh doogehabt hättst, hätt ich mir e bissje noigemacht, äwwer du brauchst doch net ...
Ursel: Wann ich gewusst hätt, dass du mit Milch trinkst, hätt ich Dosenmilch kaaft fer zum Kaffee, deshalb hab ich jetz nur die normal Milch doo, aber du kannst die ruhisch uffmache, mach se uff, mach se uff!
Notburga: Naa, wann du zufällisch e uffene Dudde doogehabt hättst, hätt ich mer e bissje Milch noi, aber ...
Ursel: Eieieieiei, ich hab net gewusst, dass du mit Milch trinkst, sonst hätt ich ja Dosenmilch kaaft!
Notburga: Ich brauch kaa Milch, tu die Dudde widder fort!
Ursel: Du wolltst doch mit Milch, mir mache die Dudde jetz uff.
Notburga: Ich mach jetz net extra weesche mir die zuenne Milchdudde uff, naa, stell se widder zurück!
Ursel: Du kannst doch die Milch uffmache!
Notburga: Die zuenne Dudde müsse mir jetz net uffmache weesche denne drei Trobbe, wo ich in moin Kaffe tu!
Ursel: Aber du wolltsten doch mit Milch, ich hab jetz halt kaa anner doo ... Wann ich gewusst hätt, dass du en mit Milch trinkst,

hätt ich ...
Notburga: Ich hätt e bissje Milch genomme, wann du e uffene Dudde Milch doogehabt hättst, aber ich muss doo jetz aach net unbedingt Milch nei tun.
Ursel: Ich mach jetz die Milchdudde uff!
Notburga: Naa, Ursel, werklisch, weesche denne drei Trobbe, wo ich in mein Kaffee mach, brauchst du doch die zuenne Dudde net extra uffmache.
Ursel: Wenn ich die zuenne Dudde uffmach, isse uff, dann isses ja egal, ob se vorher aach uff war oder zu.
Notburga: Du lässt die zuenne Dudde jetz zu!
Ursel: Irschendwann müsst ich se eh uffmache.
Notburga: Ja äwwer des lohnt sich doch net, weesche denne drei Trobbe, wo ich in mein Kaffee mach!
Ursel: Ei, dann nemm ich mir aach e bissje Milch, dann lohnt sich´s, dass mer die Dudde uffmache.
Notburga: Du willst doch gar kaa Milch.
Ursel: Ich kann en ja aach emool mit Milch trinke.
Notburga: Naa, des will ich jetz aach net, dass du dir extra Milch in de Kaffee tust, nur dass mir die zuenne Dudde uffmache könne. Lieber trink ich´n ohne unn mir lasse die zuenne Dudde zu.
Ursel: Naa, ich mach die jetz uff unn tu uns beide e bissje Milch nei! *(Sie tut das Angekündigte.)*
Notburga: Aja, danke.. Aber ich wollt jetz kaa Umständ mache ...
Ursel: Ach komm, babbel, des is doch kaan Umstand. Irschendwann hätt ich die Dudde eh uffmache müsse ...

Sie trinken schweigend.

Notburga: *(nach zwei Schlucken)* Saach emool ... Hättst du vielleicht noch e bissje Zucker ...?